천도교에서 민족지도자의 길을 간
손병희

천도교에서 민족지도자의 길을 간 손병희

| **성주현** 지음 |

글을 시작하며

한 인간의 성장과정과 그의 삶을 평가한다는 것은 쉬운 일이 아니다. 더욱이 그 시대의 상황을 체험하거나 이해하지 못하고 '오늘의 시선'으로 재단하는 것은 매우 어리석은 일이기도 하다. 그래서 인물에 대한 글쓰기는 어려운 작업이라 할 수 있다. 그런데 이 어리석은 작업을 무모하게 시도하게 되었다.

'근대' 시기를 맞아 풍운아처럼 살아온 인물들이 우리 역사에는 무수히 많다. 조국과 민족을 위해 올곧이 자신을 희생한 사람, 애국에서 친일로, 친일에서 애국으로 전향한 사람 등등 다양한 모습을 보여주고 있다. 그럼에도 개개인의 삶을 오늘의 눈으로 조명해본다는 것은 또한 흥미로운 작업이 아닐 수 없다.

의암義菴 손병희孫秉熙.

그의 삶은 어떠하였을까? 평소 관심을 가지고 있던 필자에게는 궁금증의 산실이었다. 하지만 그의 삶을 재생하는 것은 지난한 일이었다. 처음에는 흥미로운 그리고 진지함으로 시작하였지만 일에 쫓기고 시간이 지남에 따라 무도한 일임을 다시 한 번 확인할 수 있었다. 그럼에 따라 후반으로 갈수록 엉성한 그물이 되어 진지함이 사라지고 지면을 메우는

데 급급할 수밖에 없었다. 필자로서 한계를 느끼지 않을 수 없었다. 때문에 어리석음에서 벗어나고자 하였지만, '선정'이라는 굴레에서 벗어나지 못하고 이렇게 글로 나올 수밖에 없었다. 그럼에도 위안을 하는 것은 아직 손병희에 대한 글 읽기가 크게 보편화되지 못하였다는 점이다. 책방을 가거나 도서관의 서고에서 그와 관련된 책이 전무하다. 이 작은 위안을 글쓰기에 대신하고자 한다.

손병희는 한말 국운이 위기에 처해있던 봉건적 사회의 해체기에 태어났다. 차별이 엄격한 사회를 몸소 겪은 그는 이를 극복하기 위해 모든 것을 바쳤다. 어려서는 가정으로부터 이를 극복하고자 하였으며, 청년기에는 스스로를 망가뜨리면서 사회적 불평등에 저항하기도 하였다. 이 불우한 청년기는 흔히 말하는 '망나니'와 같은 시기를 보내기도 하였다. 불의를 보면 참지 못하였으며, 어려운 처지에 있는 경우에는 자신을 내던지기도 하였다.

손병희는 1882년 동학에 입도하였다. 그가 동학에 입도한 것은 새로운 세상을 꿈꾸었기 때문에 가능하였다. 처음에는 손천민이 삼재팔난 三災八難을 구실로 동학에 입도시키고자 하였으나 그는 단박에 거절하였다. 차별과 불합리한 세상이 하루 빨리 망하기를 바랬던 그에게 삼재팔난을 피한다는 것은 비합리적인 일로 인식되었다.

손병희는 동학의 참 의미를 깨닫고 입도하였다. 이후 그는 전혀 다른 사람으로 거듭 다시 태어났다. 입도한 그날부터 도박 등 잡기를 끊고 종교인으로서 모습을 갖추어가기 시작하였다. 그는 하루 동학 주문 3만 독(讀)을 하였다. 그것은 거의 하루 종일 주문을 외워야 하는 수련이었다. 그러한 변화의 본질에는 외적 변화보다 내적 변화가 있었다.

또 다른 의로운 모습은 스승 해월 최시형에 대한 존경심이었다. 처음 최시형을 만나는 장면 역시 일반적인 만남과는 달랐다. 손병희가 수련하는 모습에서 변화를 느낀 동료들은 최시형을 만나보는 것을 권유하였다. 그는 아직 때가 아니라고 단번에 거절하였다. 이는 자신의 신앙심을 배가시키기 위한 스스로와 약속이자 배려였다.

스승 최시형을 만난 후 동학 수련의 본질을 깨달은 손병희는 지도자로서 거듭나기 시작하였다. 공주 가섭사에서의 '솥걸이 일화'는 그의 지도자 자질을 보여준 결정적인 체험이었다. 참고 견디어야 하는 순간 손병희의 청년기 '욱'하는 기질을 다져놓기에 충분하였다. 이렇듯 때를 기다릴 줄 앎을 배운 그는 3·1운동 민족대표 33인의 지도자로 자리매김할 수 있었다. 평생 스승으로 모셨던 최시형을 돌봤던 것은 손병희의 어깨에 그대로 나타났다. 두툼한 굳은살은 스승을 진정으로 모셨다는 것을 보여준다.

일본 망명과 귀국 이후 전개한 교육문화운동은 자주적인 국민국가 수립과 문명사회를 수립하기 위한 일환이었다. 일본 유학생 파견, 보성학교 운영, 보성사 등 출판사 운영은 민지계발民智啓發을 위한 초석 중 하나였다. 인내천人乃天 사상에 입각한 천도교로의 대고천하는 이러한 의도에서 비롯되었다. 신분에 구애됨 없이 모든 인간을 한울님처럼 모시려는 '섬김정신'은 종교지도자에서 민족적인 선각자로서 다시 태어나는 계기였다. '삼전론三戰論'은 민족사적 과제를 해결하기 위한 고육책이자 현실적인 대안이었다.

암울한 1910년대 천도교는 다양한 민족운동을 모색하였다. 육영사업과 출판활동은 한민족에게 조국광복을 위한 밑거름을 튼튼하게 구축하는 자산이나 마찬가지였다. 교리강습소 운영이나 『천도교월보』 간행 등은 잠자던 민족의식을 일깨우는 기폭제이자 일상사를 변화시키는 요인이었다.

3·1운동에서 종파에 구애받지 않고 민족대연합을 일구어낸 인물은 손병희였다. 종교 교리나 인간 됨됨이는 결코 중요한 문제가 아니었다. 이후 손병희는 급격히 쇠퇴하였다. 일설에는 일제가 약물을 투입하였다고 한다. 어쨌거나 그의 몸은 점차 병약해졌고, 마침내 1921년 5월 19일 환원還元하였다.

손병희는 종교가·정치가·교육가·독립운동가 등 다양하게 평가받는 인물이다. 그럼에도 제대로 조명을 받지 못하고 있는 것은 그를 종교가로서의 굴레에 재단해놓고 평가하기 때문이다. 그에 대해 올바른 평가를 하기 위해서는 이러한 굴레를 자연스럽게 털어낼 수 있는 사회적 분위기가 필요하다.

손병희는 호가 의암이었던 것처럼 '의로운 삶'을 살았다. 청소년기

방황의 시간을 보내기는 하였지만, 이는 암울한 시기에 대한 반항이었다. 그렇지만 청소년기 역시 의로운 행동으로 평가할 수 있다. 동학에 입도한 이후 그의 삶은 진정한 신앙인으로 탈바꿈하였다. 종교적 수양을 거듭하면서 의로운 삶의 심지를 더욱 굳게 하였다. 동학혁명에 참여하는 명분 또한 의로움에서 비롯되었다. 손병희의 최대 업적이라고 할 수 있는 3·1운동 역시 천도교 최고지도자로서 그의 의로운 결단이 없었다면 가능하였을까 되짚어 보기도 한다.

그는 한말과 일제강점기, 암울한 시기에 동학과 천도교를 토대로 새로운 사회를 위한 변혁운동에 참여하였다. 근대문명을 수용하는 흑의단발黑衣斷髮운동과 교육·문화운동 전개, 그리고 10여 년의 준비를 한 후 전개한 민족 최대의 독립운동이라 할 수 있는 3·1운동은 그의 삶을 꿰뚫어 볼 수 있는 여정이었다. 이를 통해 손병희의 혁명운동·민족운동·교육문화운동의 인식 등을 새롭게 이해하는데 도움이 되기를 기대해 본다.

2012년 2월
시세변화에 부응한 새로운 세상을 기대하면서
성 주 현

차례

글을 시작하며 _ 4

1 신분적인 한계를 기개로서 극복하다
차별의 땅에서 자라다_ 14
의리와 기개로 청년기를 보내다_ 20
청주에서 온 상놈이외다_ 26

2 희망을 안고 동학에 입도하다
조선사회 시련기에 직면하다_ 32
최제우, 동학을 창도하다_ 37
동학 입도로 변혁을 모색하다_ 44

3 스승 해월 최시형을 만나다
스승을 만나 새로운 인생관을 정립하다_ 49
수행에 전진하다_ 54

4 동학 지도자로 부상하다
동학 교단이 정비되다_ 58
시세 변화에 부응한 지도자로서 부상하다_ 61

5 교조신원운동에 참여하다
    민중을 위한 세상을 열다_65
    교조신원운동에 나서다_67

6 반봉건·반외세, 동학혁명 일어나다
    고부에서 기포하다_72
    혁명운동으로 승화시키다_79

7 동학혁명에 참가하다
    청일전쟁으로 국가존망이 누란지세에 빠지다_88
    국가수호를 위한 대결집에 나서다_97

8 동학교단의 최고지도자가 되다
    스승 해월 최시형 피체·순도하다_105
    경자설법으로 지도체제 단일화하다_108

9 일본으로 망명, 근대문명을 수용하다
    근대문명에 대한 새로운 인식을 갖다_113
    원산·부산을 거쳐 일본으로 향하다_115
    쑨원을 만나다_117
    권동진과 오세창을 만나다_119

10 러일전쟁에 대비하다
일본에 유학생 파견하다 _ 122
러일전쟁에 대비하다 _ 124
러일전쟁 일어나다 _ 126

11 「비정혁신안」을 제출하다
조직의 변화를 꾀하다 _ 131
일본에서 봉변당하다 _ 133
의정대신에 「비정혁신안」을 보내다 _ 136

12 흑의단발로 근대문명운동을 전개하다
일본 요시찰 인물로 파악하다 _ 139
주요 지도부 일본으로 건너가다 _ 143
진보회를 조직하다 _ 146
정부와 일본군, 진보회를 탄압하다 _ 148

13 진보회, 일진회와 합동하다
송병준, 유신회를 조직하다 _ 152
유신회, 일진회로 개명하다 _ 155
진보회, 일진회와 통합하다 _ 157

14 동학, 친일세력으로 오해를 받다
일진회에 통합된 진보회, 일본군을 돕다_ 160
독립을 하려면 보호를 버려야_ 162
이용구 등 친일분자 출교되다_ 164

15 천도교중앙총부를 설립하다
동학, 천도교로 대고천하하다_ 167
손병희 환국하다_ 170
천도교중앙총부 설립하다_ 172

16 천도교, 근대 종교의 틀을 갖추다
뉴스메이커가 되다_ 176
중앙총부 임직원을 선임하다_ 178

17 종교의례와 교리를 정비하다
전교규례 등을 정하다_ 183
성미제도인 신분금을 정하다_ 185
종지는 '천인 양방의 융합'_ 186

18 인쇄소 박문사를 설치하다
근대의 산물, 인쇄 시설을 도입하다_ 191
인쇄소 박문사를 설치하다_ 193

19 민족교육운동에 나서다
　　손병희의 교육열을 칭송하다 _ 198
　　보성학교와 동덕여학교를 인수하다 _ 201

20 3·1운동을 준비하다
　　지방교구를 설치하다 _ 205
　　봉황각을 건립하다 _ 208
　　특별기도로 독립의식을 강화시키다 _ 213

21 3·1운동, 민족대연합전선을 추진하다
　　기독교에 5천 원 지원하다 _ 220
　　「독립선언서」 보성사에서 인쇄하다 _ 224
　　민족대표의 대표자로 서명하다 _ 226

22 떨어진 별, 우이동에 잠들다
　　서대문형무소에 수감되다 _ 233
　　민족의 별 떨어지다 _ 236
　　우이동에 잠들다 _ 239

손병희의 삶과 자취 _ 243
참고문헌 _ 252
찾아보기 _ 257

01 신분적인 한계를 기개로서 극복하다

차별의 땅에서 자라다

의암義菴 손병희孫秉熙가 태어난 시기는 19세기 후반이다. 이 무렵은 우리나라 신분제가 막바지로 치닫는 시기여서 온갖 사회적 모순이 노정되고 있었다. 실제로 그 모순을 가장 첨예하게 실감한 계층은 서얼층이었다. 자신들이 자라 온 조건은 아버지인 양반의 신분이면서 사회적으로 차지하는 위치는 어머니의 신분을 따라야 했기 때문이다. 이러한 적자嫡子와 서자庶子의 차별은 당시 사회의 질서이며 윤리였다. 이러한 사회적 차별은 본처의 자식이 아닌 재가녀의 자식에게도 그대로 적용되었다.

그동안 손병희의 출생에 대한 기록은 '서자'로 평가되었다. 이와 관련된 첫 기록은 천도교단에서 발행한 『천도교창건사』가 아닌가 한다. 이 책에 의하면 손병희는 "손의조의 서자라" 하여 서자 출신임을 밝히고 있다. 이후 이 기록은 오늘날까지 그대로 이어져오고 있다. 그런데 『밀양손씨대종보』에 의하면, 손병희는 재가녀의 아들로 되어있다. 아버지

손의조의 첫 번째 부인 전주이씨는 1824년에 출생하여 1857년에 돌아가셨다. 이후 손병희의 모친인 경주최씨가 손의조와 혼인하여 두 번째 부인이 되었다. 이로 볼 때 손병희는 첩의 자식으로 알려진 서자 출신이 아니라 재가녀의 자식임을 알 수 있다.

손병희는 1861년 4월 8일 충청북도 청원군 북이면 대주리에서 아버지 의조懿祖 손두흥孫斗興과 어머니 경주 최씨 사이에서 태어났다. 아버지는 청주목淸州牧에서 아전衙前으로 일하였으며, 어머니 최씨는 손의조의 두 번째 부인이었다. 본관은 밀양密陽이며, 초명은 응구應九이고 후에 규동奎東으로 바꾸었다. 족보상의 이름은 상현祥鉉이며 아호雅號는 소소笑笑였다. 호로 알려진 의암義庵은 천도교의 도호道號이며 스승인 천도교 제2세 교조 해월海月 최시형崔時亨에게 받았다. 이명異名으로는 이상헌李祥憲이 있으며, 천도교에서는 의암성사義菴聖師로 존칭하고 있다. 형제는 이복 적형嫡兄인 병권秉權, 동복 동생인 병흠秉欽 3형제가 있다. 바로 아래 동생인 병흠은 형인 손병희와 마찬가지로 동학에 입도하였으며 생사를 같이 하였다. 손병희는 병흠이 죽자 3일간 식음을 전폐하기도 하였다.

손병희가 태어난 대주리는 당시 청주목 산외이면에 속하였는데, 1914년 일제의 행정구역 통폐합에 따라 금암리로 바뀌었다. 대주리와 장재리의 일부를 합쳐서 금암리라 하고 북이면에 편입되었다. 청주에서 충주 방향으로 10여 킬로미터 정도 거리에 있는 금암리는 거문고와 같이 생긴 바위가 있어서 이렇게 불렸다고 한다. 청원군 북이면 한 가운데 자리하고 있는 금암리는 남쪽으로는 구녀산이 두루고 있으며 북쪽으로는 두치산이 휘감고 있는 전형적인 시골마을이었다.

대주리에 밀양 손씨가 입향한 것은 17세기 초로 공주에서 이주해 왔다. 이곳에는 오래전부터 터를 잡아온 달성 서씨가 집성촌을 이루고 있었다. 밀양 손씨는 이들과 어울려 살게 되었다. 이곳에 정착한 밀양 손씨는 족보상으로는 무과 계통의 양반이었지만 실제적으로는 청주목에서 아전을 지내는 중인계층이었다. 밀양 손씨가 대주리에 정착한 지 5대에 이르러 손병희가 태어났다.

역사적으로 비범한 인물이 태어날 때, 신이神異적인 현상을 적지 않게 찾아볼 수 있다. 손병희도 신비스런 태몽을 꾸고 태어났다고 전한다. 어느 날 어머니 최씨는 꿈에서 같은 동네의 아녀자들과 함께 마을 뒷산인 망월산에 올라가 달마중을 하였다. 마을 아낙네들은 모두 동녘 하늘을 바라보며 달이 떠오르기를 기다렸다. 달을 기다리는 동녘 하늘은 갑자기 붉게 물들면서 이글이글 타올랐다. 아낙네들은 달마중을 나간 것인데 해가 떠오르자 너무 놀랐다. 모두들 무서워서 엉거주춤 뒤로 물러나고 있는데, 어머니 최씨는 제일 먼저 '해가 떴다'고 외치며 손을 벌리고 앞으로 나갔다. 어머니는 치마폭을 벌려 그 해를 맞이하였다. 해는 점점 망월산 아래로 내려오더니 이윽고 어머니 품 안으로 들어왔다. 어머니 최씨는 해를 감싸서 꼭 껴안고 돌아서서 내려왔다. 뒷걸음질 치던 아낙들이 그제서야 이 광경을 보고 모두 손뼉을 치며 좋아했다.

마침내 손병희는 태어났다. 그러나 재가녀의 아들로 태어난 그는 일가친척은 말할 것도 없거니와 마을 사람한테까지도 차별대우를 받았다. 재가녀자손금고법再嫁女子孫禁錮法 때문이었다. 조선후기 들어 수많은 지식인들의 소疏·책策이 있음에도 이 악법은 폐기되지 않았다. 재주 있

손병희 생가

고 능력 있는 사람이라도 그 법에 묶여 쓰이지 못한 예는 너무나 많았다. 이러한 차별 때문에 손병희도 어린 시절부터 마음에 상처를 입었으나 어려서부터 눈빛이 남달리 혁혁하였고 기골이 장대한 호걸의 풍모를 지녔다. 그는 아버지를 아버지라 부르지 못하게 하고, 적자인 형을 형이라 부르지 못하게 하는 사회구조에 울화통이 터졌다. 비록 어린 나이였지만 철이 들자 마침내 부조리한 사회의 틀을 향해 저항했다.

어느 날이었다. 아버지가 "응구야" 하고 손병희를 불렀다. 응구는 그의 어릴 적 이름이었다. 그러나 그는 굳게 결심을 하고 대답하지 않았다. "응구야" 하고 아버지가 그를 다시 불렀지만 여전히 대답을 하지 않았다. 아무런 대답이 없자 아버지는 마침내 화를 내고 말았다.

손병희 부모 묘소

겨우 마음을 진정한 후 아버지는 아들을 힐책하였다.
"응구야. 어째서 아버지가 부르는데도 대답이 없느냐?"
손병희는 공손히 손을 모으고 오히려 아버지한테 물었다.
"아버지. 제가 아버지의 아들인 것은 분명합니까?"
아버지는 매우 당황했지만 조심스럽게 답변하였다.
"아니, 누가 널더러 내 아들이 아니라고 하더냐?"
그럴수록 손병희는 침착하게 아버지한테 되물었다.
"아버지. 왜 우리 집에는 신분身分의 구분이 있습니까? 같은 아버지를 두었는데도 하나는 아버지라 부르고 하나는 아버지를 아버지라 부르지 못하다니, 세상에 이렇게 잘못된 것이 어디 있습니까?"
아버지는 당황해하면서도 간단하게 답변하였다.

"그건 나라의 법이니라."

이에 손병희는 단호하게 말했다.

"그러니까 저는 아버지를 아버지라 부르지 않겠습니다."

그렇다고 아버지도 물러설 수 없었다.

"뭣이라고? 아니, 그걸 말이라고 하느냐?"

아버지는 호통을 치듯 말했다. 신분의 차별은 이미 나라에서 정한 법도요, 사회가 답습해 온 통념이었다. 아버지는 가슴이 아팠지만 비뚤어져 가는 자식을 바로 잡아야 한다는 생각이 더 급했다. 아버지는 회초리를 들어 손병희의 종아리를 걷게 하고 사정없이 내리쳤다. 그리고 잘못했다고 용서를 빌기를 기다렸다. 하지만 아들은 아무 말도 없이 매를 맞고 있을 뿐이었다. 손병희는 혹독한 아픔을 참고 견디면서 훗날 사회개혁과 밝은 민족의 앞날을 위해 투쟁할 것을 다짐했는지도 모른다. 그 날 이후로 그는 아버지를 아버지라고 부르지 않았다. 아버지는 그것이 얼마나 한이 되었던지, 마지막 눈을 감던 날 온 가족을 모아 놓고 그때 일을 뉘우쳤다고 한다. 그러면서 아들에게 '아버지'라는 말을 듣고 싶었다. 그제서야 손병희는 아버지의 소원을 받아들였다. 어쩌면 당돌할 만큼 반항적인 기질은 그를 지탱하는 정신적인 버팀목인지도 모른다.

양반과 상놈, 적자와 서자라는 신분제 사회제도 안에서 살아야 했던 재가녀의 아들로서 손병희. 그것은 곧 그에겐 비극이었지만 그 비극을 극복해야 할 의지를 낳게 했던 원동력이었는지도 모른다.

의리와 기개로 청년기를 보내다

손병희는 어린 시절부터 다른 아이들과는 용모부터 달랐다. 유달리 크고 빛나는 눈동자는 첫 눈에 다른 사람들을 제압하기에 충분했다. 그렇지만 '서자'라는 마음의 상처는 지울 수 없어서 그는 어린 시절과 청년 시절에 과격하고 거침없는 행동들을 많이 하였다. 이는 사회 불만에 대한 일종의 시위였다.

어렸을 때 다른 학동들과 함께 시작했던 한문 공부도 손병희는 얼마 지속하지 못한 채 이내 집어치웠다. 나이에 비해 조숙한 탓도 있었지만 아무리 열심히 노력하고 공부해봤자 태어날 때부터 정해진 신분 차별의 제약을 뛰어넘을 수 없다는 것을 일찍부터 깨달았기 때문이다. 글공부를 하는 것이 자기와는 아무런 관련 없는 일이며, 또한 그것으로 입신양명立身揚名 한다는 것이 허황된 것임을 너무나 잘 알고 있었다. 공부하는 것이 자신에게는 전혀 쓸모가 없는 것이라고 생각되었던 것이다. 그래서 가슴 속 깊이 감춰왔던 호방한 기질과 호탕한 성격을 밖으로 나타낼 수밖에 없었다.

손병희는 자신의 감정을 숨기고 억눌러 참아내기보다는 오히려 그것을 발산하는 성격이었다. 술을 엄청나게 마시는가 하면 때로는 노름도 했다. 자신의 억울한 심사를 주체하지 못하고 그저 객기를 부려 스스로를 진정시키려 했다. 그러나 그런 것들이 자신의 불만스러운 마음을 달래줄 수는 없다는 것은 스스로도 잘 알았다. 이는 단지 일시적인 불만을 토로하는데 불과하였다.

생가에 세워진 사당과 손병희 동상

　　손병희는 일시방편의 유희로부터 점차 진정한 자아를 회복했다. 이는 아마도 자신의 마음 속에 천성적으로 자리 잡고 있었던 선한 기질과 의협심 탓이라고 밖에는 달리 설명할 길이 없다. 이러한 성격은 청소년기의 다음 두 가지 일화는 그러한 면면을 잘 보여준다.

　　손병희가 열두세 살 쯤 되었을 때 일이다. 그에게 복동이라는 친구가 있었다. 어느 날 복동이가 근심어린 얼굴로 나타났다. 아버지가 관가의 돈 100냥을 축내고 갚지 못해 옥에 갇혔는데, 내일까지 갚지 못하면 사형된다는 것이었다. 손병희는 복동이에게 자신에게 계책이 하나 있으니, 그대로 하라고 하였다. 자기의 집에 관가에 바칠 돈을 받아 문갑에 두었으니 그것을 가져가라는 것이었다. 그 방법을 자세하게 알려주었다. 복동이는 손병희에게 고마운 말을 전한 후 가르쳐준 대로 돈 100냥을 가져다 관가에 바치고 아버지를 구해냈다. 며칠 후 돈이 없어진 것을 안 손병희의 아버지는 식구들을 불러 상황을 알아보았다. 비로소 손병희는 그동안의 일을 모두 고백하였다. 전후 사정을 고백하자 듣고 있던 아버지는 '장차 우리 집안이 잘 되고 못되고 하는 것은 이 아이에게 달렸구나'하고 길게 탄복하였다.

또 한 번은 이런 일이 있었다. 당시 그의 형은 청주 지방의 풍헌風憲으로 있었다. 음력 11월경 어느 날 손병희는 형의 심부름으로 공금 40냥을 가지고 관가에 갈 일이 생겼다. 그는 관가로 가는 길에 원통源通이란 작은 마을을 지나고 있었다. 마을 입구에는 인사불성의 모습을 한 사람이 눈길 위에 쓰러져 있었다. 그는 일의 선후를 따질 것도 없이 곧장 쓰러진 사람을 들쳐 업고 어느 주막 앞에 내려놓았다. 그리고는 다짜고짜 주인에게 부탁했다.

"이 사람이 다 죽어가게 생겼으니, 좀 돌봐 주셔야합니다. 그냥 놔두면 필경 얼어 죽고 말 겁니다."

"아니, 다 죽게 된 사람을 남의 집으로 무작정 데려오면 어떻게 하는가?"

"이 사람이 무슨 병에 걸려 죽게 된 것이 아닙니다. 아마 날은 춥고, 거기다 제대로 먹지도 못하고 입는 것도 변변치 못한 채 길을 가다가 허기져서 그대로 지쳐 쓰러진 모양입니다."

"네가 아는 사람이냐?"

"아닙니다. 저도 모르는 사람입니다만 어찌 인가를 근처에 두고서 사람이 얼어 죽어가는 것을 그대로 지나칠 수가 있겠습니까? 죽어가는 사람이 누군지는 모르지만 어쨌든 먼저 살려놓고 보아야 하지 않습니까? 사람이 사람을 살린다는 것은 좋은 일이 아니겠습니까?"

"그래, 그건 네 말이 옳다. 하지만 돈도 없는 저 사람을 내가 어떻게 구완하란 말이냐?"

"돈은 걱정하지 마십시오. 제가 30냥을 드릴 테니 이 돈으로 사용하십시오."

손병희는 자신이 갖고 있던 40냥 중에서 30냥을 선뜻 주막집 주인에게 내주었다. 처음에는 완강하게 거절하려던 주막집 주인도 손병희의 당당하고 조리 있는 말에 달리 할 말이 없었다. 비록 어린 마음이었지만 인정어린 호소가 주막집 주인의 마음을 감동시켰다. 주막집 주인에게 '잘 부탁드린다'며 낫거든 집으로 보내달라는 당부까지 하고는 관가로 향하였다.

손병희는 아무 일도 없었다는 듯이 관가에 가서는 남은 돈 10냥을 바치고 집으로 돌아왔다. 집에 돌아와서는 관가에 가던 중에 있었던 일을 그대로 말했다. 하지만 형은 공금을 함부로 써버렸다고 호된 꾸지람을 퍼부었다.

그럼에도 손병희는 그런 정도의 꾸지람에 아랑곳하지 않았다. 자신은 옳은 일에 돈을 썼다는 생각으로 태연하였다. 형님도 어린 동생이 돈은 함부로 썼지만 정의롭게 인간을 구하였다는 것에 대해 마음속으로는 매우 흡족하게 여기며 놀라움을 금치 못했다. 손병희는 아직 정신적으로 성장하지는 않았지만 정의로운 일이라면 어떤 대가를 치루더라도 해야만 된다고 믿었으며 또 그렇게 행동했다. 그것은 타고난 성격에서 나온 능력이었다.

이러한 행동은 사회적 차별에 대한 의협심에서 비롯되었던 것으로 생각된다. 비록 서자 출신이었지만 명색이 양반이라고 하는 동네 사람들까지도 그와 대항하는 것을 꺼렸을 정도로 과격하였고 겁이 없었다. 물론 양반들의 행실이 옳지 않았기 때문이었겠지만 손병희는 그때 벌써 아무리 양반이라도 인간으로서 그릇된 일을 한다면 그것을 보고만 있다거나 그냥 두어서는 안 된다는 믿음을 가지고 있었다. 그런 일을 보고도 자기 혼자만 편안하게 지내려고 하는 졸장부가 되어서는 안 된다는 신념도 있었던 것이다. 그렇기 때문에 때로는 과격한 행동으로 불평등한 사회를 바로잡고자 하였다.

손병희가 결혼할 무렵이었다. 청주 북면 정하리에 사는 훗날 장인이 될 곽씨 어른이 혼사일로 그의 집에 들려 손병희를 만나는 보았으나 사위로 받아들이는 것을 거절하였다. 그 이유 중의 하나가 서자 출신이었기 때문이다. 이러한 사실을 안 손병희는 서자라는 이유로 결혼을 반대하였다는 것을 참을 수 없었다. 그는 어른이 돌아가는 길목을 지키고 있다가 그 이유를 따졌다.

"내 선을 한 번 더 보고 가시오."

"자네가 사윗감으로 부족하다는 것은 아니네."

"그럼 무엇이 부족하다는 말입니까? 썩어 빠진 지체나 문벌門閥이 남만 못하다는 것이지요? 솔직히 내가 서자이기 때문에 결혼이 꺼려진다는 말씀 아닙니까?"

"참 미안하지만 ……."

"그럼 그냥 돌아가실 수는 없습니다. 선 본 값을 내든지 혼인을 승낙하고 가시던지, 그것도 아니면 내 주먹맛이라도 보고 가셔야 합니다."

곽씨 어른은 이러한 말이 황당하였으나 오히려 의기를 끌려 결국 결혼을 승낙하고 말았다. 혼인 허락이 떨어지자 손병희는 땅에 무릎을 꿇고 무례함을 사과하였다. 이리하여 15세 되던 해인 1875년 11월 24일 곽씨 부인과 결혼을 할 수 있었다. 곽씨 부인은 손병희보다 3년 연상이었다. 이러한 행위는 서자 출신으로 사회적으로 차별을 받아왔던 불만을 우회적 저항한 사례로서 주목되는 부분이다. 그런 점에서 그는 불평등한 사회에 냉소적인 인식과 입장을 가졌다.

결혼 후에도 서자에 대한 차별을 받았다. 이듬해 9월 손씨 문중에서 시향時享을 할 때였다. 망월산 아래 선산에서 성묘를 하기 위해 일가친척들이 모였다. 직계자손들은 성인이 되면 의관을 갖추고 제례에 참여하였다. 그도 결혼을 하였고 해서 항렬에 따라 제석祭席에 들어섰다. 그러자 문장門長 이하 문중 어른들이 손병희를 밀쳐내었다. 서자가 감히 제석에 올랐기 때문이었다. 이에 화가 난 손병희는 의관을 벗어던지고 곡괭이를 들고 산소로 향하였다. 그리고 산소의 한쪽을 파헤치려고 하였다. 당황한 문중 어른들은 그를 뜯어 말렸다.

"내 비록 못난 둥이 서자라고는 하지만, 나도 엄연히 손씨 가문의 뼈를 받아서 태어난 몸이요, 조상이야 어디 다르겠습니까? 서자라고 조상의 무덤 앞에서 제사도 지낼 수 없고 절도 할 수 없다면 부득이 나는 나한테 뼈를 준 조상의 뼈만이라도 나누어 파가지고 가서 따로 산소를 모시고 참배를 하겠소이다."

손병희는 오히려 큰 소리치고 산소를 파기 시작하였다. 놀란 어른들은 단호하게 말리는 한편 제사지내는 것을 허락하지 않을 수 없었다.

결국 손병희는 서자에 대한 사회·문중의 차별을 극복하고 자신의 뜻을 관철하여 나갔다. 두 가지 일화를 통해 그의 가장 큰 불만은 무엇보다도 적서차별이었음을 알 수 있다. 훗날 동학에 입도하는 직접적인 배경도 적서차별을 철폐하고 평등한 사회를 추구하였기 때문이었다.

청주에서 온 상놈이외다

청소년기 손병희에 관한 일화는 적지 않다. 17세 되던 어느 봄날 괴산 삼거리를 지날 때였다. 마침 수신사가 역졸의 상투를 풀어 자신이 타고 가는 말꼬리에 묶어 끌고 가던 중 삼거리 주막에 머물고 있었다. 역졸의 몸은 피투성이로 그냥 두면 목숨이 위태로워 보였다. 그렇지만 많은 주막 객인들은 그저 구경만 하고 있었을 뿐이다. 이를 본 손병희는 참지 못하고 낫을 들고 달려가 말꼬리를 잘라버렸다. 수신사의 마부가 그를 제지하려고 하자, 손병희는 몽둥이를 들고 마부를 후려쳤다.

"사람이 사람을 어찌 이렇게 함부로 대할 수가 있느냐. 수신사는 나오시오."

밖에서 소란이 일어나며 자신을 부르는 소리를 들은 수신사가 문 밖으로 나왔다.

"네 놈이 수신사냐? 이 무도한 놈아, 양반이면 사람을 저 지경으로 만들어도 좋단 말이냐! 눈깔이 있거든 저 모양을 봐라."

손병희는 냅다 소리를 지르더니 나는 듯이 달려들어 머리로 수신사를 받아버리고 그의 유서통諭書桶을 빼앗아 내달아서 근처 연못 한 가운데로 던져 버렸다. 봉변을 당한 수신사는 줄행랑치고 말았다.

손병희

19세 되던 해의 일이다. 당시 국내적으로 가뭄과 한해로 굶주리는 사람이 적지 않았다. 손병희도 생활이 곤궁하여 끼니조차 잇기 어려웠다. 그는 하는 수 없이 평소에 거래하던 쌀가게를 찾아가 쌀 두어 말을 외상으로 줄 것을 부탁하였다. 그러자 쌀가게 주인은 그동안 외상으로 가져간 쌀도 적지 않은데 또 쌀을 외상으로 달라고 한다고 면박을 주었다. 화가 난 손병희는 주인의 멱살을 잡았다.

"그럼 당신은 쌀장사를 시작할 때 얼마나 가지고 했느냐?"

놀란 쌀가게 주인은 손병희의 손을 잡고 용서를 빌었다. 그러면서 쌀을 마음대로 가져가라고 하였다. 손병희는 쌀가마니에 걸터앉아 자신의 신세를 한탄하였다.

"나도 염치가 없는 것은 아니네. 그렇다고 남의 쌀을 함부로 가져가겠는가?"

그리곤 쌀 두어 말만을 둘러메고 집으로 향하였다.

20살이 되던 해였다. 늦은 봄 충북 음성군 원남면 마송이라는 마을을 지나가게 되었다. 그런데 길가에 장정 수십 명이 모여 웅성거렸다. 분위

손병희 필적

기가 심상치 않음을 눈치 챈 손병희는 사람들이 이야기하는 소리를 유심히 들었다. 내용인즉 전염병이 돌아 집집마다 환자가 넘쳐나고 어떤 집은 일가족 모두가 전염병으로 죽었다는 것이다. 문제는 죽음을 당한 일가족을 그냥 두어 송장 썩는 냄새가 마을에 진동한다는 사실이었다. 평소 의협심이 강한 손병희는 그 집으로 달려가 썩은 송장을 묶어 장사를 지내주었다.

한 번은 손병희가 청주 건재약전 도매 상가를 지나다가 길에 떨어진 돈주머니를 발견하였다. 안에는 300냥이라는 거금이 들어있었다. 그는 길가 나무 아래에서 돈주머니를 깔고 앉아 주인이 오기를 기다렸다. 얼마 지나지 않아 한 사람이 당나귀에 포목을 가득 싣고 길바닥을 살피면서 오고 있었다. 포목상이 그가 있는 곳을 지나가자, 손병희는 무엇을 그렇게 찾느냐고 물었다. 포목상은 조금 전에 이 길을 지나다가 돈주머니를 잃어버렸다고 하였다. 그는 자신이 깔고 앉았던 돈주머니를 보이면서 이것이냐고 물었다. 포목상이 그렇다고 하자, 손병희는 반드시 돈 주인이 돌아올 것이라고 생각하고 기다리고 있었다고 하며 주인에게 돌

초정약수 마을비

려주었다. 포목상은 사례금으로 돈의 절반인 150냥을 주려고했다. 그러자 손병희는 이렇게 말하며 거절하였다.

"당신 것을 당신에게 되돌려주는 것뿐인데 어찌 그 돈을 받을 수 있겠소."

21살 때의 일화도 있다. 7월 보름날, 그가 사는 대주리에서 40리 정도 떨어져 있는 내수읍 초정리에는 유명한 약수터가 있었다. 초정약수로 불리는 이 약수는 지하 100미터의 석회암층에서 하루 8,500리터 정도 솟아나며, 무균의 단순 탄산천으로 인체에 유익한 각종 광물질이 포함되어 있다. 특히 노쇠한 세포를 자극하여 몸 안의 기능을 활성화하고 혈압을 정상화시키는 역할을 한다는 라듐 성분이 다량 포함된 유명한 약수였다. 이 성분 때문에 레몬 향기와 함께 후추처럼 톡 쏘는 맛이 나는데, 초정椒井이란 지명도 '후추처럼 톡 쏘는 물이 나오는 우물'이라는 뜻이다. 이러한 유명세 덕분에 많은 사람들이 초정약수를 찾았다.

그런데 하루는 강원도 영월군수를 지낸 송월령宋月寧과 평남 숙천군수를 지낸 변숙천邊肅千이 약수터를 차지하고 피서를 하였다. 두 양반이 피서를 즐기는 동안 백성들이 약수를 마시지 못하게 하였다. 이에 초정약수를 마시러 온 백성들의 원성이 점점 커져갔다. 약수를 마시러 왔다가 이를 본 손병희는 의협심이 발동하였다. 손병희는 노닥거리는 두 사람을 향해 약수터에도 양반, 상놈의 차별이 있느냐고 소리를 쳤다. 아무리 양반이라도 이리도 염치가 없단 말인가 하면서, 약수를 떠서 마신 후 백성들에게 약수를 돌렸다. 송월령과 변숙천은 혹시 봉변을 당할까 두려워 살며시 자리를 뜨려고 하였다. 손병희는 일부러 약수를 떠서 송월령과 변숙천에게 내밀었다. 약수를 받은 그들은 손병희에게 양반 행세를 하고 있다고 부추기면서 위기를 모면하려고 하였다. 손병희는 두 양반에게 자신은 '청주에서 온 상놈'이라고 자신을 밝혔다. 그러면서 다음과 같은 시 한 수를 지어 이들을 농락하였다.

비록 가시나무라 이를지라도 꽃이 피면 아름답고,
더러운 곳에서 피어난 연꽃이라도 향기는 더욱 좋더라.
옛날과 지금 양반과 상놈이 무엇이 다를 것이 있으랴.
초정약수에서 마음만 씻으면 평등한 사람인 것을.

이 시는 신분제 사회에 대한 비판적이고 절박한 심정을 토로하고 있다. 양반과 상놈이라는 사회적인 차별에 대한 철폐는 그에게 반드시 타파해야 할 과제이자 숙명이었다.

02 희망을 안고 동학에 입도하다

조선사회 시련기에 직면하다

1882년 손병희는 동학에 입도하였다. 동학에 입도하는 데는 우여곡절이 많았다. 신앙을 선택한다는 것은 의지와 결단력이 반드시 필요하다. 청년기 그의 행동을 본다면 과연 손병희라는 인물이 종교인으로 탈바꿈할 수 있을까 하는 의문점을 많이 남긴다. 왈패로서 방황하였던 그가 새로운 인간으로 태어날 수 있었던 것은 당시 조선사회를 변혁하고자 하였던 동학의 영향 때문이었다.

동학은 1860년 4월 5일 경주 현곡면 용담정에서 수운水雲 최제우崔濟愚에 의해 창도되었다. 동학은 당시 상황과 맞물려 민중에게 크게 확산되고 있었다. 동학이 창도되는 조선후기 사회는 두 가지 측면에서 커다란 위기에 직면하였다. 하나는 내적인 요인인 봉건체제의 모순이었고, 다른 하나는 외적 요인인 서구열강의 도전이었다. 봉건체제의 모순은 복합적인 요인을 지니고 있었다. 정치적으로는 세도정치와 과거제도의

이양선

문란, 경제적으로는 수취체제의 문란과 민중에 대한 가혹한 수탈, 사회적으로는 성리학의 공리공론空理空論과 이에 따른 지배이데올로기로서의 한계 등이었다.

또한 서구열강의 도전은 서학의 포교, 이양선의 출몰, 서양의 통상과 일본의 개항 요구, 값싸고 질 좋은 외국상품의 국내유통, 서구열강들의 식민지 위협 등이었다. 이러한 내외적 요인은 봉건체제를 지탱해주던 성리학의 지배이데올로기 이완과 붕괴 과정과 맞물리면서 진행되었다.

조선후기 사회는 18세기 이후 급격하게 변화되었다. 첫째는 농민층의 양극화현상이다. 핵심적인 내용은 이앙법移秧法이라는 새로운 농법의 도입이었다. 보편화된 이앙법은 이전의 직파법直播法에 비해 노동력은 절반 이상으로 줄고 생산량은 두 배 이상 늘어났다. 더불어 한 논에 벼와 보리를 번갈아 지을 수 있는 이모작도 가능해졌다. 이는 농민들의 소득을 증대시켰다.

뿐만 아니라 이 시기에는 저수지와 보洑 등의 수리시설의 확대, 시비법의 발달, 농기구의 개량, 여기에 더하여 감자·고구마·고추 등 새로운 작물 도입과 담배·인삼 등 상업작물의 재배가 확산되면서 농업생산력이 증대되었다. 특히 상업적 농업은 농민층의 소득증대를 가져왔고 농민층의 의식성장에도 적지 않은 영향을 미쳤다. 또한 광작이라는 새로운 경영형태의 틀이 형성되면서 점차 서민지주와 부농이 나타났다.

이러한 사회적 변화에 따라 농촌사회는 점차 소수의 부농과 다수의 빈농으로 그 생활양식의 격차가 벌어졌다. 이로 인해 빈농들은 농촌을 떠나 유랑민이나 화적, 그리고 도시로 이동하여 임금노동자가 되었다. 이를 농민층의 분화라고 한다. 양극화 현상이 점점 심화되는 가운데 곳곳에서 민란이 발생하였다. 관리들의 가렴주구苛斂誅求에 맞선 농민층 저항은 새로운 사회질서를 요구하는 요인이었다.

둘째는 조세수취체제의 모순과 문란이다. 조선시대 조세제도는 신분제를 매개로 한 조용조租庸調 체제가 기본이었다. 임진왜란과 병자호란 등 외세 침략과 사회·경제적인 변동은 대동법大同法과 균역법均役法 등을 시행하는 계기가 되었다. 이것은 근본적으로 조세제도의 붕괴로 이어지는 등 많은 변화를 초래하였다.

이러한 과정을 겪으면서 18세기 중반 이후 조세제도는 전정田政·군정軍政·환곡還穀이라는 삼정체제로 확립되었다. 삼정체제는 초기에는 어느 정도 안정적으로 유지되었지만 중앙의 통치력이 약화되면서 점차 문란해져갔다. 이로 인해 토지세에 해당하는 전정은 허결虛結·진결陳結·가승미加升米·인정미人情米·낙정미落庭米·곡상미斛上米·간색미看色米 등, 군역에 해당하는 군정은 황구첨정黃口簽丁·백골징포白骨徵布·인징隣徵·족징族徵 등의 부당한 세금을 거두었다. 삼정 중에서도 환곡의 병폐가 가장 심하였다. 환곡은 본래 춘궁기(보릿고개)에는 관곡을 빌려주는 빈민구제책이었지만 오히려 국가고리대금으로 전락하였다. 여기에 더하여 조세업무를 담당한 지방 군현의 수령과 향리들은 중앙지배층과 결탁하여 자의적이고 무제한적으로 수탈을 일삼았기 때문에 조세를 전적으로 부담하게 된 농민층의 몰락은 더욱 가속화되었다.

셋째는 정치세력의 부패이다. 정조 이후 조선의 정치는 외척에 의한 세도정치勢道政治가 지속됨에 따라 관리들의 무능과 부패가 만연하였다. 정조 초기에 잠시 유지되었던 세도정치는 정조의 탕평책蕩平策에 의해 근절되고 정치의 안정을 어느 정도 도모할 수 있었다. 그러나 정조가 사망한 뒤에 등극한 순조·헌종·철종 대에 이르자 왕실과 연결된 외척들이 국가권력을 장악하는 세도정치가 되살아났다. 이로 인해 매관매직과 과거시험 부정 등이 만연하였고 무능하거나 탐욕에 눈이 먼 탐관오리들이 활개를 쳤다. 특히 매관매직은 극에 달하였다. 감사는 2만 냥에서 5만 냥이고, 부사는 2천~3천 냥에서 4천~5천 냥, 군수와 현령은 1천

매천 황현

냥 내지 2천 냥에 매매되었다. 이처럼 돈으로 관직을 산 관리들은 자신의 이익만을 챙기기 위해 농민들을 각종 명목으로 세금을 부과하는 방법으로 농민들을 수탈하였다. 매천 황현黃玹은 당시 사회상에 대해 이렇게 말할 정도였다.

"왕후 재상은 머리가 되고, 지방관리는 몸통이 되고, 향리들은 그들의 손발이 되어 백성을 수탈하는데 혈안이 되었다."

넷째는 성리학 통치이념의 한계이다. 그동안 조선사회를 지탱해왔던 성리학은 명분론과 공리공론으로 사실상 국가를 통치할 이념으로서 점차 한계를 드러냈다. 즉 성리학은 부국강병과 민생안정을 도모하는 정치이념이 아니라 자신들의 권력과 이익을 유지하는 데만 몰두하였다. 더욱이 서학西學(천주교)의 확산은 삼강오륜을 근본으로 하는 충효의 통치기반을 점차 약화시켜 나갔다. 이러한 한계를 극복하기 위해 한때 실학이 등장하였지만 현실적인 대안을 마련하지는 못하였다.

다섯째는 서세동점의 위기상황이다. 산업혁명과 과학기술의 발달로 자본주의가 형성한 서구사회는 제국주의라는 이념 아래 후진지역이나 약소국가들을 지배하기 시작하였다. 아프리카와 아메리카, 그리고 중동과 인도 등을 식민지화한 서구열강은 동아시아로 진출하여 중국마저 침략의 대상으로 삼았다. 중국은 아편전쟁 등을 겪으면서 반식민지화되었고 이 영향이 조선에까지 미치게 되었다.

농민층의 양극화 현상, 수취체제의 문란, 정치세력의 부패, 통치이념의 한계, 서세동점에 따른 위기는 조선후기 민란을 야기시키는 요인이었다. 조선후기 가장 대표적인 민란이 1811년 홍경래洪景來의 난이었다. 이후 전국적으로 민란이 빈번하게 발생하였다. 이 시기를 '민란의 시대'라고 한다. 이러한 세태에 대해 최제우는 이렇게 한탄하였다.

"매관매작 세도자도, 전곡 쌓아둔 부자도, 유리걸식하는 패가자도 모두 일신의 안위를 위해 '궁궁촌弓弓村'이라는 승지를 찾아가고 서학에 입도하는 등 각자위심各自爲心하고 있다."

"유도儒道·불도佛道 누천년累千年에 운이 역시 다했던가."

이처럼 그는 기존의 사회구조 문제에 대해서도 비판하였다.

최제우, 동학을 창도하다

동학을 창도한 최제우는 1824년 10월 28일 경북 경주군 현곡면 가정리에서 탄생하였다. 아버지 근암近菴 최옥崔鋈은 당시 영남 일대에서 이름난 유학자였으며, 어머니 한씨의 본관은 청주이다. 그의 가계를 살펴보면, 본관은 경주이고 신라 말기 유명한 석학 고운孤雲 최치원崔致遠 후손이었다. 7대조 정무공貞武公 잠와潛窩 최진립崔震立은 임진왜란 때 의병장으로 활약하였으며 병자호란이 일어나자 공주영장으로 군사를 이끌고 용인군 험천險川(현 죽전)에서 전투 중 순절하였다. 아버지 최옥은 문장과 도덕이 높아 영남 일대에 사림士林의 사표이기도 하였다. 한국의 대표적 '노블레스 오블리제'로 널리 알려진 경주 최부자집도 정무공 최진립의 후손이다.

수운 최제우

최제우는 아버지가 63세 되던 해에 만득자로 태어났다. 그가 태어나던 날은 씻은 듯이 맑게 개인 날씨에 바람이 가볍게 불고 오색구름이 집을 감싸, 상서로운 향기가 산실에 가득하였다고 한다. 또한 그가 태어나기를 전후하여 마을 앞 구미산龜尾山이 사흘 동안 크게 울었다고 전한다. 원래 이름은 제선濟宣, 자는 도언道彦이었으나 훗날 구도과정에서 이름은 제우, 자는 성묵性黙으로 고쳤다. 호는 수운이며, 어릴 때 이름은 복술福述이었다.

그는 어려서부터 총명하고 비범하였다. 특히 눈에 광채가 빛나, 동네 아이들이 '역적의 눈'이라고 놀리기도 하였다. 그럴 때면 최제우는 이렇게 대답하였다.

"나는 역적이 되려니와 너희들은 선량한 백성이 되어라."

뿐만 아니라 유소년기부터 성리학의 윤리도덕에 적지 않은 비판적인 의식을 가졌다. 그는 어머니에게 이런 것을 물어보았다.

"아버지는 의관을 벗으시고 안방과 사랑방을 마음대로 출입하시는데, 어머니는 왜 문밖을 자주 다니시지 못하고 안방에만 계십니까?"

또 언젠가는 아버지에게 물었다.

"다른 사람들은 아버지를 보면 먼저 절을 하는데, 아버지는 어째서 먼저 절을 하지 않습니까?"

이는 어릴 적부터 '남존여비의 모순'과 '반상의 차별' 등 사회적 모순에 대한 회의를 가졌던 인식의 단면을 보여준다.

그는 여섯 살 때 어머니를 여의고, 열세 살에 울산 박씨와 결혼하였다. 열일곱 살에 아버지마저 여의게 되었고, 스무 살에는 화재로 인해 아버지의 유품과 가산이 모두 불타버렸다. 화재로 모든 것을 잃은 그는 인생의 무상함을 느끼고 당시의 어지러운 세상을 구할 수 있는 방법을 모색하였다. 이듬해 최제우는 울산 유곡동裕谷洞에 있는 처가에 가족을 맡기고 구도를 위해 전국을 순회하였다. 그는 금강산을 비롯하여 명산대찰을 찾아 고승과 담론을 하기도 하고, 때로는 활을 쏘고 말 타기를 익히며, 심지어 장사를 하기도 했다. 뿐만 아니라 유불선儒佛仙의 본의를 섭렵하고 도참서圖讖書와 음양복술陰陽卜術을 탐독하였다. 이를 동학에서는 '주유천하周遊天下'라고 하는데, 그는 이와 같은 과정을 겪으면서도 사회를 구제할 참된 도道를 얻지는 못하였다.

10년 동안의 주유천하를 중단하고 서른한 살이 되던 해인 1854년 가을, 그는 처가가 있는 울산 유곡동으로 돌아왔다. 그리고 초가삼간을 짓고 농사를 지으며 새로운 구도방법을 모색하였다. 그것은 사색을 통한 명상冥想이었다. 명상을 한 지 반 년 정도 지난 이듬해 3월, 신비로운 체험을 하였다. 한 이승異僧으로부터 『을묘천서乙卯天書』라는 책을 받았는데, 여기에는 '49일 동안 기도 하라'는 내용이 있었다.

이러한 체험을 한 최제우는 1857년 경남 양산군 천성산千聖山 통도사通道寺 내원암內院庵에서 49일 동안 기도를 하였다. 기도를 하던 중 47일 만에 숙부가 돌아가셨음을 꿈에서 예지하고 기도를 다 마치지 못한 채 집으로 돌아왔다. 그는 이듬해 다시 천성산 자연동굴인 적멸굴寂滅窟에서 49일 기도를 마쳤다. 하지만 49일 기도를 마쳤음에도 자신이 원하는 바를 구하지 못하였다.

최제우는 1859년 10월 가족과 함께 고향인 가정리로 돌아왔다. 그러나 가산을 화재로 잃고 구미산 아래 용담정龍潭亭에 기거하였다. 용담정은 원래 아버지 최옥이 건립한 용담서사龍潭書社였다. 그는 용담정에서 도를 깨닫지 못하면 세상에 나가지 않겠다는 '불출산외不出山外'를 맹세하고 이름과 자를 고쳤다. 이와 더불어 다음과 같은 입춘시를 써 붙이고 맹수련을 하였다.

"도의 기운을 길이 보존하여 사특한 것이 들어오지 않게 하고 [그렇지 아니하면] 세상 사람들과 함께 하지 않으리라."

용담정에서 수련을 거듭하던 최제우는 1860년 4월 5일 보국안민·광제창생·포덕천하를 교의로 하는 동학을 창도하였다. 동학에서는 동학이 창명된 해를 '포덕布德 원년'이라고 하며, 연기를 '포덕'으로 표기한다. 그는 당시 동학 창명의 상황을 포덕문에서 다음과 같이 표현하였다.

뜻밖에도 4월에 마음이 선뜩해지고 몸이 떨려서 무슨 병인지 집중할 수가 없고 형상하기도 어려울 즈음에 어떤 신선의 소리가 들리므로 놀라

용담정

깨어 물어본즉 '두려워하지 말고 두려워하지 말라. 세상 사람들이 나를 상제라 이르거늘 너는 상제를 알지 못하느냐'라고 하였다. 그 까닭을 물으니 대답하시기를 '내 또한 공이 없으므로 너를 세상에 출생케 하여 사람들에게 이 법을 가르치게 하노니, 의심하지 말고 의심하지 말라.'

이렇게 시작된 한울님과 대화는 1여 년 동안 진행되었다. 이를 천사문답天師問答이라고 한다. 천사문답 과정에서 영부靈符와 주문呪文을 받았다. 주문은 '지기금지至氣今至 원위대강願爲大降 시천주侍天主 조화정造化定 영세불망永世不忘 만사지萬事知'이며, 한울님을 위하는 글인 동시에 한울님을 잘 모시어 천인합일天人合一에 이르는 발원문이다. 이로써 최제우는 주유천하와 명상, 그리고 수련을 통한 구도방법으로 마침내 인류를 이끌어 갈 할 동학을 창도하였다.

동학 창도 후 최제우는 한울님과 천사문답을 하는 동안 세 가지 시험을 거쳤다. 첫째는 금력金力과 권력權力 즉 부귀로서 세상을 구하는 일, 둘째는 권모술수權謀術數로서 세상을 구하는 일, 셋째는 조화의 술법으로서 세상을 구하는 일이었다. 그러나 최제우는 이를 거절하고 수련에만 집중하였다. 그 결과 최제우는 '시천주'와 '오심즉여심吾心卽汝心'의 가르침을 받았다. 그는 당시의 상황을 다음과 같이 표현하였다.

내 마음이 네 마음이니라. 사람들이 어찌 이를 알리오. 천지는 알아도 귀신은 모르니 귀신이라는 것도 나니라. 너는 무궁무궁한 도에 이르렀으니 닦고 단련하여 그 글을 지어 사람들을 가르치고 그 법을 바르게 하여 덕을 펴면 너로 하여금 장생하여 천하에 빛나게 하리라.

이처럼 천사문답을 거친 최제우는 1861년 6월에 이르러 포덕을 하기 시작하였다. 그의 첫 포덕은 가족이었다. 그리고 집안의 두 여자 몸종을 해방시켜 한 사람은 수양딸로 삼고, 또 한 사람은 며느리로 삼았다. 이러한 그의 모습은 당시 성리학의 철저한 남녀 차별과 반상 차별을 과감하게 철폐한 것이었다. 이렇듯 그는 몸소 동학의 참 진리를 실천하였다.

이와 같은 최제우의 실천적 모습과 동학의 교의가 알려지기 시작하자 용담정을 찾아 동학에 입도하는 사람들이 늘어났다. 이러한 가운데 사림의 고향이라 불리는 영남 일대에서는 최제우와 동학에 대한 중상과 음해가 나타나기 시작하였다. 일부 성리학자들 중에는 동학을 서학이라고 모략하는 이들도 있었다. 동학은 마침내 관의 지목을 받게 되었다. 이렇게 되자 최제우는 이해 11월 용담정을 떠나 남원 은적암隱蹟庵에 머물렀다. 은적암은 원래 덕밀암德密庵이었다. 그는 이곳에서 한 해를 보내면서 논학문論學文(처음에는 동학론이라 함)·권학가勸學歌·수덕문修德文·몽중노소문답가夢中老少問答歌 등을 지었다.

이후 그는 용담정을 거점으로 하여 경상도 일대의 영천과 신령 등지에서 포교활동을 전개하였다. 그러나 관의 지목은 점차 심해졌다. 결국 최제우는 1863년 8월 14일에 해월海月 최시형崔時亨에게 동학의 맥을 전수하고 1864년 3월 10일 대구 관덕정觀德亭에서 좌도난정율左道亂正律이라는 죄목으로 참형에 처해졌다.

최제우가 창도한 동학은 다양한 사상을 내포하고 있지만 크게 네 가지로 파악할 수 있다. 첫째는 만민평등의 시천주사상侍天主思想이다. 당시 조선사회를 지배하였던 성리학적 이데올로기는 본질적으로 차별을 내포하고 있었다. 양반과 상민, 나아가 천민의 차별을 비롯하여 남녀·적서·노소 등의 차별을 통해 사회적 안정장치를 마련하였다. 이러한 차별은 가족 간·계층 간·사회적으로 갈등의 요인이 되었다. 모든 사람이 평등하다는 시천주사상은 그동안 억눌리고 차별만 받아왔던 계층에게는 구원과 같았다. 둘째는 보국안민輔國安民의 민족주체사상이었다. 서세동점西勢東漸의 시기를 맞아 국가의 위기를 민중들이 스스로 지켜야 한다는 맥락은 '민족'이라는 새로운 인식을 갖도록 하였다. 셋째는 다시 개벽開闢의 혁세사상革世思想이었다. 이미 개벽된 조선사회는 혼란과 차별뿐만 아니라 도덕적으로 이미 몰락의 길을 걷고 있었다. 양반이나 기득권을 가진 자들의 세상이 아닌 일반 백성이 주인이 되는 세상을 만들어야 하다는 변혁사상이 그들로 하여금 동학에 관심을 갖도록 하였다. 넷째는 유무상자有無相資의 경제적 공동체 사상이다. 동학은 있는 자가 없는 자를 위해 베푼다는 공공의식을 가지고 있었다. 당시 동학을 신봉하는 경우 관으로부터 탄압을 받아 일상뿐만 아니라 생계까지도 곤경에 처할 수밖에 없었다. 때문에 재물이 있는 동학교인은 생계가 어려운 교인을 위해 후원을 하는 유무상자 정신을 실천해 나가고 있었다.

동학 입도로 변혁을 모색하다

동학의 사상적 맥락과 실천적 공동체는 새로운 세상을 꿈꾸는 민중들에게는 그야말로 희망이었다. 사회적으로 냉대를 받던 이들은 이에 감화를 받고 입도하는 등 점차 교세를 확장해 나갔다. 손병희가 방황과 사회적 저항으로 청년기를 보내던 시기 청주지역에도 이미 상당한 교세가 형성되었다. 손병희는 두 번의 동학 입도 제의를 받았다. 한 번은 당질인 송암松菴 손천민孫天民이었고, 다른 한 번은 평소 친하게 지내던 서택순徐宅淳이었다.

첫 번째 동학 입도 제의는 1882년 여름이었다. 평소 손병희를 지켜보던 손천민은 그를 동학에 입도시키려고 기회를 엿보았다. 손병희보다

7살이 연상인 손천민은 청주관아의 이방吏房으로 있으면서 1882년 초에 동학에 입도하여 수도와 포교에 열중하고 있었다. 그해 여름, 손천민은 평소 반상과 적서 차별에 불만을 품고 있던 손병희를 찾아갔다. 당질을 본 그는 반갑게 맞으면서 찾아온 연유를 물었다. 손천민은 조심스러워하면서 동학에 입도할 것을 제안하였다.

"사실 제가 동학을 믿는데, 당숙을 뵙고 이 말씀을 드리러 왔습니다."

손병희는 적잖이 놀라며 말했다.

"그래, 동학을 믿으면 무엇이 좋다는 말인가."

손천민은 손병희를 동학에 입도시켜야 한다는 급한 마음으로 대답을 이어갔다.

"도는 천도天道요, 학은 동학이라고 하는데, 동학은 곧 천도라고 합니다. 그래서 동학을 잘 믿으면 삼재팔난三災八難을 면할 수 있습니다. 약을 쓰지 않고도 병이 스스로 낫고, 흉년이 들어도 굶어죽을 염려가 없고, 난리가 나도 미리 예방할 수가 있습니다. 그러니 당숙님도 저와 같이 동학을 믿읍시다."

이에 손병희는 오히려 손천민을 힐난하였다.

"흥! 삼재팔난을 면하려고 동학을 믿어? 나는 서자로 태어나 그 잘난 양반 놈들이 꼴 보기 싫어서라도 하루빨리 삼재팔난이 왔으면 좋겠소. 그래서 이놈의 세상이 한 번 뒤집혀서 잘난 놈 못난 놈 할 것 없이 모조리 다 죽어 없어지는 꼴을 봤으면 속이 시원하겠소."

손천민은 나름대로 변명하려고 하였다. 그러자 손병희는 소리를 질렀다.

손병희를 동학으로 이끈 서택순

"시끄럽소. 그래 사내대장부가 겨우 죽기가 무서워 숨어 다니면서 동학을 한단 말이오? 그리고 삼재팔난만 면하면 이놈의 세상에서 잘 살 것 같소? 내 성질에는 맞지 않소. 이왕 들었다니 조카님이나 잘 믿어 보시오."

손천민은 '아차' 했지만 이미 엎질러진 물이었다. 손천민은 그 자리에서 그를 설득한다는 것은 불가능하다고 판단하고 아쉽지만 그냥 발걸음을 집으로 돌렸다.

손병희는 풍문으로 들은 바 있어 동학에 대해 어렴풋이 알고 있었다. 하지만 그는 자신, 즉 개인보다는 사회를 개혁하고자 마음이 더 컸다. 이러한 생각은 자신뿐만 아니라 당시 차별받고 있던 대부분의 사람들이 공유하고 있었다. 그렇게 때문에 그는 개인을 위한다면 굳이 동학을 할 필요가 없다고 판단하였던 것이다.

두 번째의 동학 입교 제의는 가을이 되어서였다. 동학 접주 서택순徐宅淳이 그를 만나러 왔다. 손천민이 서택순을 보내 다시 손병희를 설득하기로 한 것이다. 손천민은 지난날 손병희를 동학에 입도시키려 하였지만 실패하였던 경험을 서우순에게 미리 알려주었다. 서택순은 손병희와 한 마을에 살면서 서로를 잘 알고 있는 처지였다. 서택순은 지난 일도 있고 해서 조심스럽게 말을 꺼냈다.

"삼재팔난을 면한다는 것은 세월이 하도 어수선하고 시끄러우니 보통 하기 쉬운 말로 권하는 소리였소. 동학의 참뜻이 어디 삼재팔난을 면하는 데 있겠소. 좋은 뜻이 있기 때문이 많은 사람들이 가산을 탕진하고 정부의 지목指目을 피해가면서도 비밀리에 입도하고 또 정성을 들이는 것이 아니겠소."

손병희는 일단 수긍하였다. 서택순은 다행이다 싶어 다시 말을 이어 갔다.

"동학의 참뜻은 여러 가지가 있소. 첫째는 사람 섬기기를 하늘과 같이 하고, 하늘을 모시기를 부모님과 같이 하는 것이네. 사람이 사람을 대하기를 평등으로 한 뒤에라야 태평성세가 되네. 반상의 계급이나 적서의 차별, 빈부귀천, 남녀노소 할 것 없이 사람이 사람을 업신여기거나 멸시하는 일이 없는 모든 사람이 평등하게 살 수 있도록 하는 그런 세상을 만드는 것일세. 그렇기 때문에 동학의 목적은 포덕천하·광제창생·보국안민·지상천국건설地上天國建設이라고 하는 것이네. 자네는 이런 세상이 만들고 싶지 않았는가."

차근차근 설명하는 서택순의 정성어린 말 한 마디 한 마디가 그의 심근을 울렸다. 특히 동학이 평등한 세상을 만든다는 데 대해서 정신이 번쩍 들었다.

"듣고 보니 참 좋네 그려. 그렇기에 탕진가산하고 지목을 피해 가면서도 정성을 드리는가 보군. 하여튼 오늘 이야기를 듣고 보니 사내대장부로서 한 번 해볼 만한 일이라고 생각되네. 그래, 나도 입도하겠네."

손병희는 서택순의 말을 듣고 비로소 동학의 참뜻을 이해하였다. 그는 그 자리에서 동학에 입도하기로 결정하였다. 서자로 태어나 사회적 차별을 몸소 체험한 그가 평소에 생각하였던 것과 동학이 꿈꾸는 세상이 일치하였기 때문이다.

    손병희는 동학에 입도하기 위해 사흘간 목욕재계하고 어육주초魚肉酒草를 끊었다. 그리고 예물로 비단 한 필을 준비하였다. 이후로는 어육주초를 일체 하지 않겠노라고 서약했다. 물론 이때 서약을 한 이후로 한 번도 어긴 적이 없었다. 입도를 준비하는 과정에서 손병희의 전교인으로 누구를 내세우는 지 논의를 하였다. 첫 번째로는 손천민, 두 번째로는 서택순이 논의되었지만 둘 다 사양하였다. 둘 다 손병희를 동학에 입도할 수 있도록 하였지만 어느 한 사람을 선택한다는 것이 불합리하였기 때문이었다. 때문에 그들 대신 손병희의 절친한 친구이며 이미 동학에 입도하였던 김상일金相一을 내세웠다. 김상일은 흔쾌히 허락을 하였다.

    1882년 10월 5일. 손병희는 이날 동학에 입도하였다. 송암 손천민·영암英菴 최종묵崔鍾默·반암盤菴 최동석崔東錫·김상일 등이 영암泳菴 서택순의 집에 모인 가운데 서택순의 집례로 김상일을 전교인으로 하여 입도식을 마쳤다. 이후 손병희는 일생동안 자신이 동학에 입도한 사실을 후회하지 않고 진정한 동학의 길을 변함없이 걸어갔다.

스승 해월 최시형을 만나다 03

스승을 만나 새로운 인생관을 정립하다

동학에 입도한 손병희는 그날부터 그동안 어울렸던 난류배와 교제도 끊는 등 정진을 거듭하였다. 이전에 즐겨하던 술과 도박도 삼가하며 조용히 방에 들어앉아 매일 주문을 읽는 것으로 일과를 삼았다. 주문은 '지기금지 원위대강 시천주 조화정 영세불망 만사지'였다. 동학에 입도한 사람이면 누구나가 이 주문을 암송하면서 지극히 정성을 다하였다. 하루는 동학도인 중 한 사람이 그에게 말했다.

"그만하면 어느 정도 종교적 체험이 있을 테니, 해월 선생을 만나뵈어 수도 절차와 방법을 직접 듣고 그대로 하면 빠르게 도통할 것일세."

그러나 손병희는 해월 최시형 만나기를 거절하고 더욱 열심히 수련에 매진하였다.

"내가 나를 믿고 내가 나를 닦아서 내가 도통을 하는 것이지, 도통이 어찌 선생님에게만 있겠는가."

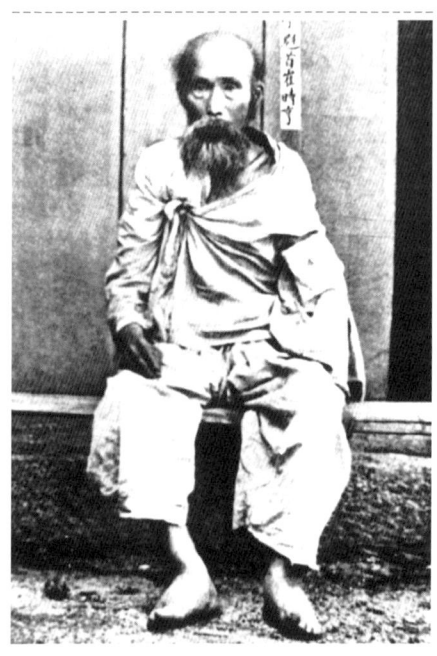

해월 최시형

손병희가 최시형을 만난 것은 동학에 입도한 지 2년 만이었다. 당시 최시형은 교세를 확장하는 한편 동학의 경전인 『동경대전東經大全』을 한창 간행하던 시기였다. 그는 1880년 강원도 인제군 갑둔리에서 처음으로 『동경대전』을 간행한 이후 다시 이를 간행하기 위해 충남 천안군 목천 김은경金殷卿의 집에 머물고 있었다. 손병희는 손천민 등과 함께 최시형을 뵙고 스승과 제자의 관계를 맺었다.

최시형은 동학이 창도되기 33년 전인 1827년 3월 21일 경북 경주 동촌 황오리(현 경주시 황오동)에서 출생하였다. 아버지는 최종수崔宗秀, 어머니는 월성 배씨였다. 해월의 본명은 최경상崔慶翔, 자는 경오敬悟이며, 호는 해월海月인데 스승 수운 최제우로부터 동학의 도통을 이어받았다.

일찍 조실부모한 최시형은 머슴살이와 제지공장 고원雇員을 지냈으며, 경상도 일대에서 한지 장사를 한 바 있다. 어느 정도 생활이 안정되자 19세 때 흥해興海의 밀양 손씨와 결혼한 후 매곡동梅谷洞을 거쳐 마복동馬伏洞으로 이거하였다. 이곳에서 집강執綱으로 활동하다가 마복동 안쪽 계곡 검곡劍谷에 정착하여 화전민 생활을 하였다.

이처럼 화전민 생활을 하던 그는 1861년 동학에 입도하였다. 이후 독공으로 지극히 공부를 하던 중 1862년 새해가 지난 어느 날 엄동설한에 계곡의 찬물에서 목욕재계를 하던 중 "몸에 해로운 것은 또한 찬물에 갑자기 앉는 것이니라"라는 소리(이를 천어라 한다)를 들었다. 또한 21일 동안 등잔의 기름이 줄어들지 않는 이적을 경험하였다. 이와 같은 경험으로 1862년 6월 최제우로부터 포교를 해도 좋다는 허락을 받고 영해·울진·흥해·예천 등 경북 일대에 동학을 포교하여 '검악포덕劍岳布德'이라는 별칭을 얻었다. 그리고 1863년 8월 14일 최제우에게서 동학의 도통을 이어받았다.

　최시형은 손병희를 처음 본 순간 놀라움과 반가움을 금치 못하였다. 그의 종교적 안목으로 볼 때 손병희야말로 도통道統을 이어 받을 만한 큰 재목이라고 생각되었기 때문이었다. 최시형은 손병희에게 격려의 말을 해주었다.

　우리 동학에는 많은 신도가 있으나 진정으로 동학의 깊은 이치에까지 정진을 하는 자는 많지가 않네. 자네는 능히 동학을 통하여 새로운 세계를 열 만한 사람이니 부디 열심히 공부하여 동학의 큰 뜻을 깨치기 바라네. 우리 동학은 사람이 한울님을 모시는 도인데 사람이 즉 하늘이고 하늘이 곧 사람이니 이것이 바로 인즉천人卽天이고 또한 시천주이네. 무릇 안으로는 신기로운 영이 있고 밖으로는 기운 화함이 있으니, 이제 그대는 그대 안에 있는 신령神靈을 잘 키우면 바깥에 있는 기운들이 스스로 움직여 우주 삼라만상의 조화가 그대의 뜻과 한 가지로 통할 날이 있을 것이니,

그날까지 추호의 흔들림이 없이 정진하기 바라네.

이에 손병희도 시 한 수를 지어 자신의 마음을 표현하였다.

천지일월이 가슴 가운데 들어오니(天地日月入胸中)
천지가 큰 것이 아니라 내 마음이 큰 것이요(天地非大我心大).
사나이의 말과 행동이 하늘과 땅을 움직일 것이니(男兒言行動天地)
천지조화도 나의 뜻이로다(天地造化吾任意).

뿐만 아니라 스승 최시형은 이날부터 손병희를 본격적으로 지도하였다. 우선 그는 손병희에 대한 옷차림부터 지적하였다. 손병희는 스승을 뵙기 위해 평소와는 달리 옷차림에 신경을 썼던 것이다. 이에 최시형은 이렇게 당부하였다.
"도는 사치한 데 있는 것이 아니라 항상 몸 가지는데 사치를 주의하라."
손병희는 최시형에게 수도하는 방법을 여쭈었다. 최시형은 그에게 앞으로 3년 동안 매일 짚신 두 켤레를 어김없이 삼으면서 주문을 정성으로 외우라고 하였다.
집으로 돌아온 후부터 손병희는 매일 짚신 두 켤레를 삼는 것과 주문 3만 독(讀)으로 하루를 보냈다. 처음에는 손끝이 터지고 무릎이 쑤시고 아무리 정성을 들여도 짚신이 매끈하지가 않았다. 예전에는 무심코 신던 짚신 하나가 이렇게 짜기도 어렵고 수고스러운 일임을 새삼 깨달을 수

공주 가섭사

있었다. 그러나 몇 달을 계속하고 난 뒤에는 어두운 밤이라도 모양 좋고 매끈한 짚신을 삼을 수가 있게 되었다. 이러한 짚신 삼기와 마찬가지로 종교적 성숙함도 하루하루 다듬어져 갔음은 물론이었다.

　1884년 늦은 가을이었다. 손병희는 스승과 함께 충남 공주 가섭사迦葉寺에서 49일 수련을 하게 되었다. 이때 최시형은 크고 작은 심부름을 손병희가 하도록 하였다. 하루는 최시형이 손병희를 불러 부엌에 있는 커다란 솥을 새로 걸게 하였다. 얼마 후 그가 일을 마쳤다고 하자 최시형은 샛문으로 확인한 후 솥을 다시 걸도록 하였다. 이러기를 무려 일곱 차례나 반복하였음에도 손병희는 불평 한 마디 하지 않고 스승이 시키는 대로 하였다. 이러한 최시형의 행동은 손병희의 지도자적 인성을 확인할 겸, 훗날 동학을 맡길 후계자로서 키우기 위한 방안이었다. 험난한 과정을 손병희는 묵묵히 수행하였다. 이렇게 손병희는 훗날 스승 최시형에 이어 동학의 최고지도자로 오를 수 있었다.

수행에 정진하다

앞에서도 언급하였지만 동학에 입도한 이후 손병희의 생활은 적지 않은 변화가 있었다. 뿐만 아니라 그전의 객기와 다름없던 행동도 이제는 종교인으로서 모습이 점차 바뀌어갔다. 몇 가지 일화들은 변화된 그의 모습을 잘 보여준다.

1886년 7월 28일의 일이었다. 손병희가 살고 있는 이웃마을에 전염병이 돌아 아홉 집의 일가족 30여 명이 목숨을 잃었다. 전염병 탓인지 아무도 시신을 거두려는 사람이 없었다. 손병희는 마을 뒷산인 망월산에 올라가 큰 소리로 마을 청년 5~6명을 모아 장사를 지냈다.

또한 손병희는 스승 최시형의 지시를 그대로 행하여 매일 짚신 두 켤레를 삼고 주문 3만 독을 실천하였다. 이제는 어두운 밤에도 짚신을 삼을 정도였다. 그는 닷새마다 삼은 짚신을 40리 정도 떨어져있는 청주시장 다리목에서 팔아 생활비에 보탰다. 시장에 나갈 때는 항상 의관을 갖추어 그를 아는 사람들은 손병희가 크게 변하였다고 칭찬하였다.

그가 동학에 입도하여 종교인으로서 생활한 지 7년이 지난 어느 날이었다. 청주감영에서 포졸 세 사람이 손천민을 체포하려고 그의 집을 수색하였다. 이날 손병희가 손천민의 집에 이르자 포졸이 손천민의 아내를 결박하여 연행하려고 하였다. 이를 본 손병희는 함부로 아녀자를 잡아가느냐고 포졸들을 야단쳤다. 포졸들은 손천민이 동학을 한다고 하여 체포하려고 하였으나 도망가고 없어서 가족들을 대신 잡아간다고 했다. 손병희는 잡아가려면 아내보다는 자신을 대신 잡아가라고 말하였다. 포졸은 손병희에게 너도 동학을 하느냐고 묻자, 그는 그렇다고 하였다.

포졸이 손병희를 포박하려고 하자, 그는 도망가지 않을 터이니 그냥 가자고 하였다. 일행은 어느 주막에 이르렀다. 손병희는 포졸에게 술 한 잔을 권하면서 자신도 술을 거나하게 마셨다. 술에 취한 손병희는 포졸에게 자신을 업고 가라고 했다. 포졸은 하는 수 없이 그를 업고 감영으로 들어섰다. 마침 청주영장은 더위를 피하느라 뜰 가운데 있는 큰 감나무 아래서 쉬고 있었다. 그 바로 옆에는 율곡栗谷 이이李珥가 청주군수로 재임할 때 심었던 소나무와 선정비가 있었다. 포졸은 손천민 대신 손병희를 잡아왔다고 보고하였다.

영장이 손병희에게 왜 자수하였느냐고 물었다.

"사람은 의리로 살다가 의리로 죽어야 합니다. 동학을 믿는 사람을 무슨 죄로 관가에서 체포하는지 알 수 없습니다."

오히려 손병희는 이렇듯 되물었다. 그렇지만 영장은 동학의 책임자 최시형이 어디에 있느냐고 다그쳤다. 그러나 손병희는 전혀 굴하지 않고 자신의 뜻을 당당하게 밝혔다.

"이 비석은 율곡 선생의 선정비가 아닙니까? 율곡 선생은 십만양병론을 주장하고 임진강가에는 화석정까지 지어놓았지만 당시 우매한 세상 사람들은 선생의 뜻을 제대로 헤아리지 못했습니다. 그렇기 때문에

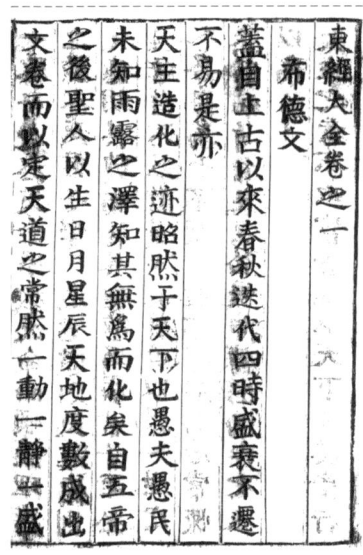

『동경대전』 포덕문

임진년에 난을 당했으니, 그때와 지금이 무엇이 다르겠습니까? 이제 머지 않아 동학의 진리가 과연 얼마나 심오한 지를 알게 될 것입니다."

그러자 영장은 크게 소리를 질렀다.

"동학은 역적의 도란 말이다."

그렇지만 손병희는 전혀 위축되지 않았다. 그는 되물었다.

"제가 조카 대신 스스로 체포되었는데, 선생이 계신 곳을 말할 것 같습니까?"

그러자 영장은 포졸들에게 잡아오라는 놈은 잡아오지 않고 엉뚱한 놈만 잡아왔다고 역정을 내면서 그를 풀어주었다. 이 일화에서 손병희의 의기를 찾아볼 수 있다.

이듬해 손병희가 충북 진천군 방동防洞을 거처를 옮겨 21일 기도를 할 때였다. 당시 그는 극심히 곤궁하여 끼니를 거르기도 하였다. 그렇지만 식량이 떨어져 사흘이나 굶으면서도 주문 암송은 놓지 않았다. 이러한 딱한 사정을 안 동학교인 이종만李鍾萬은 보리죽을 끓여 가지고 왔다. 그런데 손병희는 자신의 신세를 한탄하면서도 이렇게 말했다.

"예로부터 7일을 굶어도 죽지 않으면 하늘이 감동한다 했으니, 내가 굶어서 죽나 하늘이 감동하나 내기를 할 터이다. 그러니 이 죽은 도로 가져가게."

그러면서 그는 죽을 돌려보냈다. 그는 무모할 정도로 동학에 심취하였던 것이다.

동학에 입도한 이후 종교인으로서 역량도 키워갔지만, 동학에 대한 정부의 탄압은 더욱 가중되었다. 성리학이라는 통치이데올로기에 반하는 동학은 사도邪道이며 이단異端이었다.

1891년 3월 12일, 동학교인 한영석韓榮錫이 동학을 믿는다는 이유로 지목을 받던 중 청주병사 권용철權用哲에게 돈 3천 냥과 소 한 마리를 빼앗겼다. 이 소식을 들은 손병희는 분함을 참지 못하고 권용철을 찾아 갔다. 그는 권용철에게 경고하였다.

"당신이 만일 불의로 양민의 재물을 약탈하면 나도 불의로써 그대를 대할 것이니 그리 아시오."

손병희가 두 주먹을 불끈 쥐자 의기에 눌린 권용철은 자신의 일을 사과하고 곧 바로 한영석에게 빼앗았던 돈 3천 냥과 소를 돌려주었다.

또 이즈음 전 포도대장 신정희申正熙의 아들 신일균申逸均이 동학교인의 재물을 마음대로 약탈한다는 소문이 들려왔다. 손병희는 곧바로 그를 찾아가서 이유를 따졌다. 눈을 부릅뜨고 노려보자 신일균은 놀라서 사과를 하고 약탈한 재물을 돌려주었다.

이처럼 손병희는 의기가 용출하였던 인물이었다. 일생을 의로운 일에 매달렸고 의로움을 위해서라면 목숨을 걸기도 하였다. 더구나 스승 최시형이 손병희에게 '의암'이라는 호를 사사賜事했던 것은 손병희의 성품을 꿰뚫어 본 혜안이 있었기 때문이었다.

손병희는 삶 그 자체가 '의義'였던 것이다.

04 동학 지도자로 부상하다

동학 교단이 정비되다

해월 최시형을 정점으로 한 동학교단은 정부의 지목과 강력한 탄압에도 불구하고 교세가 삼남 일대로 확장되었다. 초기 동학교단은 경주를 중심으로 포교되었지만 점차 강원·충청·경기지역으로 확산되었다. 1862년 말경 동학의 교세는 다음과 같았다.

경주 : 이내겸李乃謙·백사길白士吉·강원보姜元甫
영덕 : 오명철吳明哲
영해 : 박하선朴夏善
청하 : 이민순李敏淳
연일 : 김이서金伊瑞
안동 : 이무중李武中
단양 : 민사엽閔士燁

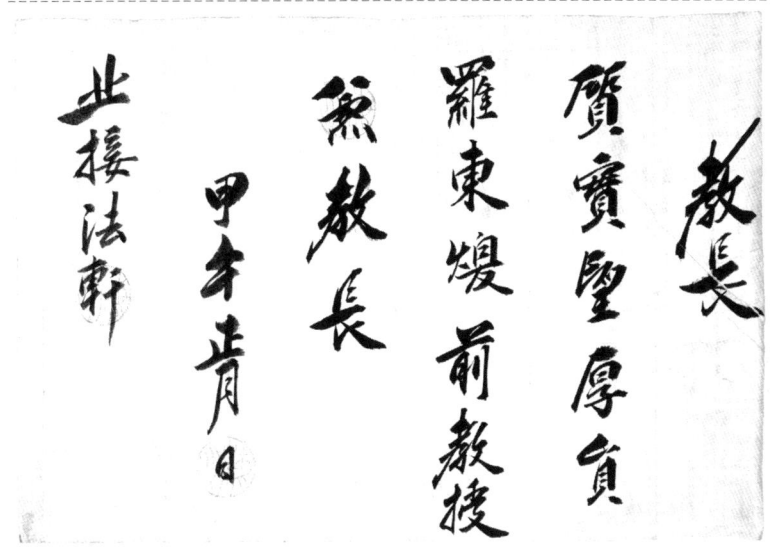

동학교장 임명장

영양 : 황재민黃在民

신령 : 하치욱河致旭

고성 : 성한서成漢瑞

울산 : 서군효徐君孝

장기 : 최희중崔羲仲

대구·청도·경기 : 김주서金周瑞

동학이 창도된 지 1년 반 만에 경주를 벗어나 영남 일대와 충청도, 멀리 경기도까지 확산되었다. 그렇지만 지역적으로 뿌리 깊게 내린 것은 아니었다. 이후 10여 년을 지내면서 동학은 점차 지역적으로 기반을 다져나갔으며, 사회를 변혁하고자 하는 세력들이 소리를 내기 시작하였다. 1871년 3월 10일 동학교단에서 처음으로 영해교조신원운동이 전개되었다. 봉건적 사회가 해체되어가는 시기에 동학교단의 일부에서는 교조인 수운 최제우의 억울한 죽음을 풀어달라는 신원운동을 전개하기 시작하였다. 그러나 영해교조신원운동은 동학교인들에게 적지 않은 희생을 가져다 주었다. 영해교조신원운동에서 해월 최시형의 양아들도 희생을 당했다.

이후 동학교단은 영남 지역을 벗어나 강원도 깊은 산속으로 들어갔다. 오지 중에 오지라고 할 수 있는 정선과 영월을 기반으로 동학교단은 다시 일어날 수 있었다. 강원도 인제에서 경전을 간행한 이후 충청도로 교세가 확장되었고, 1880년 중반 호남지역까지 동학 교세가 경계를 넘어 민중들에게 깊숙이 자리 잡았다.

동학의 교세가 확산되면 확산될수록 정부의 탄압은 가중되었다. 동학교인들은 비밀리에 지역별로 도소都所를 설치하고 동학의 평등사상과 사회개혁사상을 확산시켰다. 선천시대는 이제 망하고 민중이 주인이 되는 후천시대가 열린다는 변혁사상은 민중이 동학에 입도하는데 가장 큰 영향력을 미치는 것 중의 하나였다.

동학교인들 사이에는 점차 사회변혁을 외치는 소리가 높아갔다. 이제는 개인의 구원보다는 사회를 구현하고자 하는 의지가 점차 커져 갔다. 이는 동학교인들이 조직적으로 움직일 수 있는 단계가 되었음을 입증하는 것이기도 하다.

시세 변화에 부응한 지도자로서 부상하다

동학 교세 확장과 교단 정비을 정비한 중심인물은 최시형을 비롯하여 손병희·서인주徐仁周·서병학徐炳學·손천민 등이었다. 평소 의기와 덕행으로 교인들 사이에 신망이 높던 손병희는 이러한 과정을 통해 동학의 지도자로서 성장해가고 있었다.

당시 손병희는 스승 최시형과 처남·매부 관계의 인척이 된다. 최시형은 환갑의 나이를 넘기고 있었지만 홀로 지내고 있었다. 손병희는 스승님이 홀로 지내는 것이 안타깝기도 하고 측은한 마음이 들었다. 손천민과 의논하여 자신의 누이동생에게 스승님을 모시도록 하였다. 지금으로서는 설득력이 떨어지는 상황이었지만 당시 스승을 모시고자 하는 그의 진정한 마음을 읽을 수 있지 않을까 한다.

손병희는 스승을 극진히 모셨다. 그가 스승을 모시는 것은 일반적으로 스승을 생각하는 것, 그 이상이었다. 1890년 3월 손병희는 스승이 강원도에서 위급하다는 통보를 받고 곧 바로 달려 충주 외서촌外西村 보뜰洑坪로 모셨다. 훗날 그는 스승을 모셨던 일을 회고한 적이 있다.

3·1운동의 최고 책임자였던 손병희는 서대문형무소에서 병을 얻어 병보석으로 잠시 풀려난 적이 있었다. 이때 그는 병석에 누워 제자들에게 자신의 어깨를 만져보라고 하였다. 어깨는 굳은살로 단단하였다. 손병희의 어깨는 지난 30년 동안 스승을 가마로 매고 다닐 때 늘 앞쪽에서 매었기 때문에 굳은살이 박혀있었던 것이다. 그는 스승을 만나면서부터 최측근에서 보좌하고 활동하였다. 이는 최시형과 손병희 관계를 스승과

백범 김구

제자를 떠나 어느 정도였는지 가늠해 볼 수 있는 거증이기도 하다.

이러한 사실은 동학혁명 당시 팔봉접주로 해주성을 점령하는 데 앞장섰던 백범白凡 김구金九의 일화에서도 잘 드러나고 있다. 김구는 동학에 입도하여 팔봉접주가 된 이후 1893년 충청도 보은 장내리 도소에 머물고 있는 손병희를 만난 적이 있었다. 당시 상황을 김구는 다음과 같이 회고한 바 있다.

해월은 크고 검은 갓을 쓰시고 동저고리 바람으로 일을 보고 계셨다. 방문 앞에 놓인 수철 화로에서 약탕관이 김이 나며 끓고 있었는데, 독삼탕 냄새였다. 선생이 잡수시는 것이라고 하였다. 방 내외에는 여러 제자들이 옹위하고 있었다. 그 중에서 가장 친근하게 모시는 이는 손응구(손병희)·김연국金演局·박인호朴寅浩 같은 이들인데, 손응구는 장차 해월 선생의 후계자로 대도주가 될 의암으로서 깨끗한 청년이었고, 김연국은 나이가 사십은 되어보이는데 순실한 농부와 같았다. 이 두 사람은 다 해월 선생의 사위라고 들었다. 손응구는 유식해 보이고 '천을천수'라고 쓴 부적을 보건데, 글씨 재주도 있는 모양이었다.

김구도 장차 손병희가 동학의 후계자로 지목될 것이라고 판단하였던 것이다. 이는 김구 역시 손병희의 인물 됨을 제대로 파악하였다고 할 수 있다.

정암 이종훈

손병희가 동학의 최고책임자가 되기 몇 해 전 일이었다. 포교를 위해 그가 원산으로 가던 길이었다. 동생 병흠과 또 한 동학지도자 가운데 한 사람인 이종훈이 동행을 하고 있었다. 마침 여비가 떨어졌다. 그들은 서로 머리를 짜낸 끝에 손병희의 안경을 팔기로 하였다. 그 돈으로 담뱃대를 사서 장사를 하면 몇 푼 이익이 남는다는 것이었다. 그들은 포교도 할 겸 평안도의 강계·후창·위원·자성 등 압록강 일대와 함경도의 장진, 더 나아가서는 러시아 국경까지 다니면서 열심히 장사를 하였다. 그 결과 거의 곱빼기의 이익이 남았다고 한다. 손병희의 재주와 언변으로 미루어 생각하면 아마 틀림없이 이재理財 방면에 있어서도 탁월한 수단이 있었을 것으로 짐작된다. 그렇게 해서 남긴 돈으로 그들은 여비는 물론이거니와 스승께 드릴 옷감까지 한 벌 장만하였다니 그 돈이 어지간히 많았던 것 같다.

원산을 다녀 온 후에 손병희는 자랑스러운 마음으로 그 일을 스승에게 보고하였다. 그런데 기쁘고 대견스러워 할 줄 알았던 스승은 정반대의 태도를 보였다.

"고생이 많았구나. 그렇지만 그동안 너희들이 한 일은 장사일 뿐이지

공부와는 거리가 먼 일이었다. 그 돈을 버느라고 그동안에 너희들의 공부가 그만큼 손상되었음을 깊이 명심해야 할 일이다. 비록 곤궁하여 고생이 된다 하더라도 나는 너희들이 열심히 공부하여 도심이 두터워지기를 바랄 뿐, 돈을 버는 것을 바라지는 않는다. 이후에는 열심히 공부만 하기를 바란다."

최시형의 충고는 그의 가슴에 깊이 와 닿았다. 그리고 나서도 미덥질 못했던지 아니면 그 일을 계기로 최시형 자신도 더욱 절실했던지, 그 뒤부터는 손병희를 자신의 곁에 두고 공부를 독촉했다고 한다. 손병희는 더욱 열심히 주문을 외웠다. 학문은 일취월장하여 장차 교주를 이어받을 재목으로 커가기 시작했다.

스승과 제자 사이는 그래서 더욱 중요하다. 스승의 입장에서 보면 영특하고도 부지런한 제자를 만나는 것도 중요하지만 그런 제자를 바르게 키울 수 있는 스승의 능력 또한 더욱 중요한 일이다. 손병희의 재주와 담력, 정의감은 본래 타고난 것이었지만 그것은 하마터면 사장되고 말 뻔 하였다. 그러한 위기를 개발하여 성장시킨 최시형의 위대한 안목도 역시 중요하지 하지 않을 수 없다.

최시형이 손병희 알기를 그리하였고, 손병희가 최시형 모시기를 그리하였다. 물론 손병희로서도 자신이 역사적 인물이 되기까지 스승의 힘이 얼마나 컸던가를 앞에서 이미 실감하였다. 최시형의 탁월한 어인술御人術과 인격이 아니었다면 그는 어쩌면 평생 동안 술이나 마시고 싸움질이나 하는 시정잡배에 불과했을지 모른다. 스승 최시형이 그것을 바로 잡아 주었다.

교조신원운동에 참여하다 05

민중을 위한 세상을 열다

개항기를 전후한 한국은 종교의 공백기라 할 정도였다. 불교는 조선 오백 년간의 탄압으로 이미 기력이 탈진했고, 성리학은 조선후기로 들어오면서 이론적 탁상공론화 된 지 이미 오래되었다. 새로 들어온 서학은 유교적 윤리에 젖은 민중에게 영합되지 않는 여러 요소를 지니고도 있었고 또 그보다도 조정의 탄압이 심하여 널리 유포될 수도 없었다. 이러한 공백기에 동학은 무서운 기세로 민중층에 뿌리 내리고 있었다.

동학은 최제우가 제세구민濟世救民의 뜻을 품고 종래의 풍수사상과 유儒·불佛·선仙의 교리를 토대로 '인내천 즉 천심즉인심天心卽人心'이라는 사상을 전개하였다. 이는 인간의 주체성을 강조하는 지상천국의 이념과 만민평등의 이상을 표현한다. 동학은 신분제도 및 적서제도 등에도 비판적이어서 당시 정치의 부패, 탐관오리의 행패, 세금의 과중 등으로 고통을 받던 농민들에게 재빨리 전파되고 많은 호응을 얻게 되었다. 그들은 이미 운세가 다한 선천先天의 뒤를 이어 동학 중심의 후천後天 5만 년의 세상이 온다는 교리를 믿었다.

처음 동학은 관가의 지목을 피하여 각지에 지하교단을 설치하였으나 세력이 커감에 따라 경전이나 주문을 외우는 것 외에 가락에 맞춘 가사를 보급하여 혁명정신을 고취하였다. 그 중에「용담가」·「교훈가」·「몽중노소문답가」·「도수사道修詞」·「권학가勸學歌」·「도덕가道德歌」등이 대표적이다.

「용담가」의 밑바탕에는 신라시대의 화랑정신이 그대로 배어 있고,「교훈가」에는 현세적인 사회윤리를 바탕으로 한 새로운 개혁사상이 엿보인다. 또「도덕가」는 권문세가를 비판하고 부귀·빈천이 뒤바뀐다는 사회개혁정신이 담겨 있다.

『용담유사』 중「교훈가」

- 사람은 곧 하늘이다.
- 사람은 누구나 다 존귀하고 평등하다.
- 동학의 진리를 널리 펴서 백성을 널리 구하자.
- 포악한 관리를 제거하고 설움 받는 백성을 구출하고자 한다.
- 서양적·왜적의 침략을 물리치고 위태로운 나라를 구출하자.

이러한 구호의 깃발들이 세상을 휩쓸자 피압박 민중들은 이 구원의 빛을 찾아 구름같이 모여들기 시작하였다. 이 일은 최시형과 그를 보좌하는 두령들인 손천민·김연국·서인주徐仁周·서병학徐丙鶴과 손병희 등에 의하여 강력하게 추진되었다.

새로운 사회인 후천을 기약하는 동학과 봉건적 질서인 선천을 지키려는 정부 사이에는 늘 마찰과 갈등이 있게 마련이었다. 그러나 1892년에 들어와서는 동학을 탄압하는 정부 측과 이에 항거하는 동학교단 사이의 대립이 더욱 날카로워졌다. 정부는 외래의 서학(천주교)은 인정하면서도 유독 전래의 동학만은 이단으로 지목하며 수운 최제우를 잡아 이미 처형하였고, 이제는 해월 최시형마저 체포하려고 혈안이 되어 있었다. 더구나 이 기회로 동학교인들을 박해·약탈하는 탐관오리·양반토호들의 행패가 극에 달하니 동학으로서도 더 이상 참을 수만은 없었다.

교조신원운동에 나서다

동학교단은 동학교인에 대한 탐학의 철폐뿐만 아니라 신앙의 자유를 획득하기 위한 운동을 전개하였다. 이를 교조신원운동敎祖伸冤運動이라고 한다. 이미 1871년 최시형과 이필제李弼濟를 중심으로 영해에서 교조신원을 주장한 바 있지만 이는 병란적兵亂的이었기 때문에 교인의 희생이 컷을 뿐만 아니라 종교적으로도 적지 않은 갈등이 있었던 터였다.

그렇다고 앉아서 당할 수만 없었다. 전국 팔도에 수십만 교도를 과시하게 된 동학은 부패하고 무능한 양반정권과 정면 대결을 시도하게 되었다. 먼저 그들은 28년 전에 참형 당한 최제우의 원통한 죄목을 백지화해 달라고 요구하였다. 이는 교조신원운동으로 동학에 대한 신앙의 자유를 쟁취하려는 운동이었다. 동시에 그들은 집단적인 시위로 관가의 동학에 대한 탄압과 양반토호들의 약탈을 일체 금지하라고 외쳤다. 이는 표면상의 구호일 뿐, 그 내면에는 사실 낡은 봉건체제를 타파하고 평등한 새로운 세상을 건설하겠다는 혁명적인 욕구가 잠재해 있었다. 정부와 유생 양반들은 이를 무엇보다 무서워하였고, 동학교인과 일반 민중들은 이를 절실하게 요구하였다.

대정부 투쟁방식은 동학 내부에서도 두 주장이 팽팽하게 맞서 있었다. 폭력투쟁을 주장하는 서인주·서병학 계열과 비폭력투쟁을 주장한 최시형·김연국·손천민 등의 교단 지도부 계열이었다. 손병희는 교단 지도부에 속했으며 대정부 투쟁을 종교적으로 해결하기 위해 비폭력투쟁을 주장하였다. 이는 우선 교단의 전통을 보전하면서 차분히 힘을 기르자는 뜻에서였다. 그는 누구보다 양반을 증오하였고 차별을 당연시하는 낡은 봉건체제를 혐오하는 사람이었다. 때문에 그는 신앙의 자유 획득을 위한 교조신원운동에 적극 참여하였다.

동학교단의 교조신원운동은 1892년 10월 공주에서 시작되었다. 1892년 7월 서병학과 서인주 등 여러 교인들이 찾아와 교조신원운동을 전개할 것을 요구하였으나 최시형은 아직 시기가 아직 이르다고 거절하였다. 계속된 서인주·서병학 등의 간곡한 요청에 그는 드디어 결심을 하고 입의문立義文을 지어 모든 교인들은 공주로 모이도록 하였다. 손병희는 공주에서 전개된 교조신원운동에는 참여하지 않았다. 이는 아직 교단지도부가 적극적인 참여보다는 서병학과 서인주 등에게 일을 맡겼기 때문이었다. 이어 전개된 교조신원운동부터 손병희는 적극적으로 참여하였다.

1892년 11월 손병희는 삼례에서 전개된 교조신원운동에서 손천민을 도와 직접 참가하였다. 삼례교조신원운동에서는 최제우에 대한 신원뿐만 아니라 탐관오리 제거와 교당설치 허가도 아울러 요구하였다. 삼례교조신원운동에서 교조신원의 뜻을 이루지 못하자 그는 1893년 1월에는 광화문 앞에서 전개한 교조신원운동을 지휘하였다. 손병희가 광화문교조신원운동의 선봉으로 총지휘자가 된 것은 서인주·서병학처럼 과격하지도 않았고, 김연국·손천민 등과 같이 무력하지도 않은 그의 성숙한 인품과 최시형의 절대적인 신임 때문이었다. 손병희는 과거를 보러가는 유생으로 변장하고 서울로 향하였다. 광화문 앞에서 손병희는 소수訴首 박광호·손천민·박인호 등과 함께 통곡을 하면서 고종에게 최제우의 신원을 담은 상소문을 전달하였다. 신원운동 3일째 되는 날 고종은 전교를 내렸다.

"너희들이 돌아가 직업에 충실하면 소원을 들어주리라."

이에 손병희 등 지도부는 많은 논의를 거친 후 일단 철수하기로 하였다. 하지만 서병학 등 일부 강경파는 기독교를 배척하는 내용과 일본인 등 외국인을 배척하는 괘서掛書를 붙였다.

동학교인이 돌아간 후 정부는 고종의 전교와는 달리 동학군을 탄압하기 시작하였다. 더욱이 광화문교조신원운동을 통해 확인한 외세의 침략을 인식한 동학교단은 새로운 대응을 준비하였다. 최시형과 손병희

광화문교조신원운동 집회

등 동학지도부는 이해 3월 10일 충북 청산군 포전리에서 최제우의 순도 향례를 마친 후 동학교인의 생명과 재산을 보호하는 한편 외세의 세력에 대응하기 위해 다시 한 번 신원운동을 전개하기로 하였다. 최시형은 3월 10일 각지에 통유문을 보내 교인들은 보은 장내리로 집결케 하였다.

최시형의 명으로 전국 각지의 동학교인 3만여 명을 보은 장내에 집결하여 '척왜양창의斥倭洋唱義'라고 쓴 깃발을 날리면서 약 보름간에 걸친 시위를 하였다. 이를 계기로 동학교단은 새로운 조직체계를 갖추었는데, 손병희는 충의대접주忠義大接主가 되어 충청 일대 교인의 지도자가 되었다. 이 시위도 정부의 무마로 일단 해산되어 수습된 듯하였지만, 최시형과 손병희 등을 주축으로 하는 동학교단의 사기는 하늘을 찌를 듯하였다. 이는 앞으로 정부의 태도 여하에 따라 동학은 일반 민중과 결합하여 큰 일을 할 수 있는 대세력임을 스스로 입증한 사건이었다.

06 반봉건·반외세, 동학혁명 일어나다

고부에서 기포하다

동학혁명의 첫 기포는 1894년 1월 10일 고부에서 비롯되었다. 고부기포의 원인은 고부군수 조병갑趙秉甲과 전운사 조필영의 동학교인과 농민에 대한 수탈이었다. 전봉준은 조병갑의 수탈에 대해 다음과 같이 지적하고 있다.

첫째, 고부의 동진강 상류에 만석보를 새로 수축하면서 농민들을 무상으로 동원할 때는 수세를 징수하지 않겠다고 약속해 놓고 정작 추수기에는 수세로 7백여 석을 착복하였다. 둘째, 진황지를 개간하면 일정 기간 면세한다고 약속해 놓고 개간 후에는 추수기에 지세를 부과하였다. 셋째는 부민富民들에게는 불효·음행 등 죄목을 씌워 2만여 냥을 늑탈하였다. 넷째는 대동미를 징수할 때 1결당 정미 16두를 징수한 다음 이를 정부에 납부할 때는 값싼 하등미로 바꾸어 그 차액을 착복하였다. 이외에도 전봉준은 조병갑의 수탈이 '허다하여 기록할 수 없다'고 할 정

만석보 유지비

도로 많았다. 또한 전운사 조필영은 세미의 이중 징수 및 운송 비용, 운송선박 수리비 등 각종 명목으로 부당하게 수탈을 자행하였다.

무엇보다도 동학교인에 대한 수탈이 극심하였다. 고부의 동학교인들은 고부군수 조병갑의 포학이 자심하여 도인이 견디지 못하게 한다고 하였는데, 이는 동학교인에 대한 탄압과 수탈이 일반 농민보다 심했음을 알 수 있다. 동학교인과 농민들은 접주 전봉준을 장두로 추대하여 조병갑에게 진정서를 제출하기도 하였지만 전혀 받아들여지지 않았고, 오히려 수탈과 탄압만 가중되었다.

이와 같은 상황에서 전봉준은 송두호宋斗浩·송대화宋大和와 더불어 조병갑趙秉甲을 징치하기 위해 기포을 할 것을 도모하였다. 이어서 기포하는 이유를 송주성宋柱晟으로 하여금 해월 최시형이 있는 도소에 알렸다. 이와 동시에 태인의 최경선崔景善, 금구의 김덕명金德明, 남원의 김개남金開男, 무장의 손화중孫和仲, 부안의 김낙철金洛喆 등 각 지역 동학 접에 격문을 띄웠다. 뿐만 아니라 통문을 작성하여 각 면·리에 포고하였다. 이로써 동학혁명의 도화선이 폭발하였다.

그렇다면 격문의 내용은 무엇일까. 격문은 간신의 날뛰는 모습·민심이 이탈된 것·관기官紀의 문란·행정의 부패·민생의 도탄으로 살지 못하게 되었다는 내용으로 다음과 같다.

> 금지위신今之爲臣은 불사보국不思報國하고 도절녹위徒竊祿位하며 엄폐총명掩蔽聰明하고 가의도용아可意苟容이라. 총간지목을 위지요언謂之妖言하고 정직지인正直之人을 위지비도謂之匪徒하여 내무보국지재內無輔國之才하고 외다학민지관外多虐民之官이라.
> 인심지심人民之心은 일익유변日益有變하여 인무학생지업入無學生之業하고 출무보구지책出無保求之策이라. 학정學政이 일사日事에 원성怨聲이 상속相續이로다.
> 자공경이하自公卿以下로 이지방백수령以至方伯守令에 불념국가지위태不念國家之危殆하고 도절비기윤가지계徒切肥己潤家之計와 전선지문銓選之門은 시작생화지로視作生化之路요, 응시지장應試之場은 거작교역지시擧作交易之市라.
> 허다화뢰許多貨賂가 불납왕고不納王庫하고 반충사장反充私藏이라. 국유누적지채國有累積之債라도 불념국보不念國報요, 교치음닐驕侈淫昵이 무소외기無所畏忌라. 팔로어육八路魚肉에 만민도탄萬民塗炭이라.

민위본국民爲國本이니 본삭칙국잔本削則國殘이라. 오도吾道는 수초야유민雖草野遺民이나 식군지토食君之土하고 복군지의服君之義하며 불가좌시不可坐視 국가지위망國家之危亡이라. 이보공以報公 보국안민補國安民으로 위사생지서爲死生之誓라.

이 격문은 1893년 음력 11월 하순에 전봉준이 작성한 것이다. 앞서 언급하였듯이 격문의 주요 내용은 간신과 탐관오리의 학정과 도탄에 빠진 민, 그리고 보국안민을 맹세하고 있다. 즉 '백성은 나라의 근본임을 다시 한 번 인식하고 국가 위망의 상황에서 죽기를 각오하고 보국안민을 하겠다'는 고부기포의 당위성을 밝혔다. 따라서 고부기포의 첫 단계를 알려주는 격문의 주요 내용은 탐관오리의 제거 등을 내용으로 하는 '반봉건 성격'을 그대로 보여준다.

이어서 전봉준은 고부기포를 보다 구체적으로 진행시키기 위해 통문通文을 작성하여 각리 집강에게 포고하였다. 통문의 내용은 다음과 같다.

우문위통유사右文爲通諭事는 무타無他라. 대하장경大廈將傾에 차장내하此將奈何오. 좌이대지가호坐而待之可乎아. 부이구지가호扶而求之可乎아. 내약하奈若何오. 당차시기當此時期하야 해내동포海內同胞의 총력總力으로 이以하야 탱이격지撐而擊之코저하와 혈루血淚를 쇄뢰灑灑하며 만천하滿天下 동포동포에게 충심衷心으로서 소소訴하노라.

오제음한인통吾儕飮恨忍痛이 이위세적已爲歲積에 비새경인悲塞哽咽함은 필무췌론必無贅論이어니와 금부가인今不可忍일새. 자감봉화玆敢烽火를 거擧하야 기충통절박지정其衷痛切迫之情를 천하天下에 대고大告하는 동시에 의기義旗를 휘揮하야 창생蒼生을 탁랑지중濁浪之中에서 구제救濟하고 고고鼓를 명명鳴하야써 만조滿朝의 간신적자奸臣賊子를 구제驅除하며 탐관오리貪官汚吏를 격징擊懲하고 진進하야써 왜倭를 축축逐하고 양洋을 척斥하야 국가國家를 만년반석萬年盤石의 상上에 확립確立코자 하오니 유아도인惟我道人은 물론勿論이요 일반동포형제一般同胞兄弟도 본년本年 11월 20일을 기기期하야 고부古阜 마항시馬項市로 무루내응無漏內應하라. 약若 부응자不應者 유有하면 효수梟首하리라.

계사癸巳 중동仲冬 월月 일日

전봉준·송두호·정종혁·송대화·김도삼·송주옥·송주성·황홍모·황찬오·송인호·최흥열·이성하·최경선·김응칠·황채오

각리 이집강 좌하

통문의 내용을 살펴보면, 첫째는 봉화를 들어 그동안 애통하고 절박한 사정을 천하에 알리고, 둘째는 의로운 깃발을 들어 창생을 구하고, 셋째는 북을 울려 조정의 간신과 탐관오리들을 물리치고, 넷째는 척왜척양으로 국가를 튼튼히 하고, 다섯째는 동학교인 뿐만 아니라 일반형제동포의 참여를 촉구하였다. 또한 1893년 11월 20일까지 마항시 즉 말목장터에서 기포할 것을 포고하였다. 이 통문에는 그동안 동학교단에서 1893년부터 전개하였던 교조신원운동과 척왜양창의운동斥倭洋倡義運動에서 주장하였던 내용을 집약했다. 앞서 살펴보았던 반봉건적 내용보다

한 단계 더 나아간 반외세적 내용을 포함하고 있다. 즉 반봉건적이며 반외세적 성격을 아울러 포함하였다.

이처럼 전봉준이 격문과 통문을 돌려 고부기포의 당위성을 밝히자 곳곳에서 민중들이 모여 수군거렸다.

"났네. 났어. 난리가 났어. 참말 잘되었지. 그냥 이대로 지내서야 백성이 한 사람이나 남아나겠나."

전봉준

여론도 기포에 대해 호의적이었다. 이와 같은 상황에서 전봉준 등은 고부기포의 선후책을 마련하기 위해 송두호의 집에 도소都所를 설치하였다. 도소 설치는 고부기포를 본격적으로 전개할 본부를 구성하였음을 의미한다. 도소에서 연일 모여 기포 이후 전개할 선후책으로 다음의 4개 조항을 정하였다.

- 고부성을 격파하고 군수 조병갑을 효수할 사.
- 군기창과 화약고를 점령할 사.
- 군수에게 아유阿諛하야 인민를 침어侵魚한 이속吏屬를 격징擊懲할 사.
- 전주영을 함락하고 경사京師로 직항直向할 사.

나아가 전봉준 등은 고부기포를 이끌어 갈 지도부를 구성하였다.

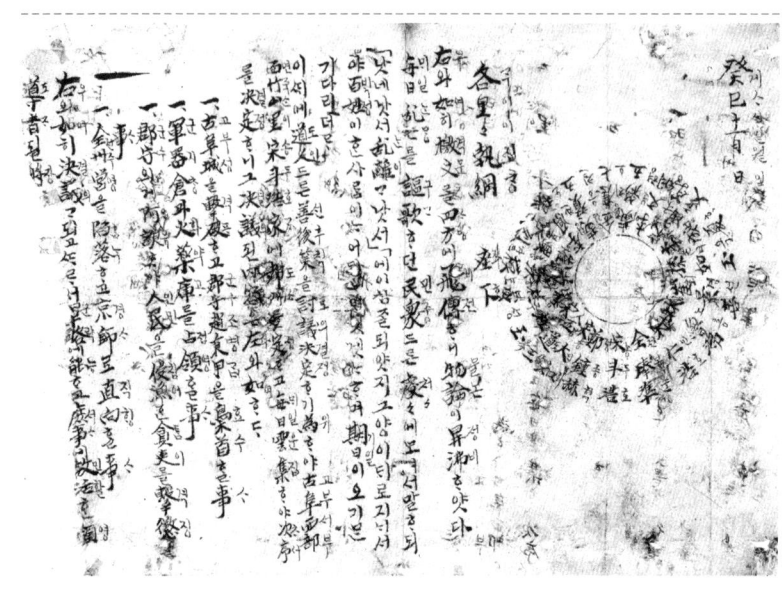

사발통문(1893년 11월)

일장두一狀頭 : 전봉준
이장두二狀頭 : 정종혁鄭鍾赫
삼장두三狀頭 : 김도삼金道三
참모 : 송대화宋大和
중군中軍 : 황홍모黃洪模
화포장火砲將 : 김응칠金應七

통문에 서명하였던 인물 즉 전봉준을 고부기포의 최고지도자로 추대하였으며, 정종혁과 김도삼을 지도부에, 그리고 송대화를 참모, 황홍모를 중군, 김응칠을 화포장에 선임하는 등 보다 구체적인 지도부를 구성하였다. 이처럼 격문·통문과 지도부를 구성하였다는 것은 동학혁명이 일회성·단발적·자연발생적인 것이 아니라 치밀하게 준비된 사실을 의미한다.

이처럼 전봉준 등 동학군은 고부기포를 전개하기 위해 사전준비를 매우 면밀하게 진행시켰다. 동학 조직을 중심으로 동학교인 뿐만 아니라 일반 민중도 동원하고, 격문과 통문을 마련하고 기포 이후 행동 절차, 그리고 지휘본부와 지도부를 조직하였다. 이것은 동학혁명이 단순한 고부라는 지역적 민란의 차원이 아니라 보다 높은 차원의 목표를 추구하는 전국적 규모의 혁명을 위한 성격을 지니고 있다는 것을 보여준다. 때문에 전봉준은 고부기포 후 완전히 해산한 것이 아니라 지도부를 이끌고 무장으로 이동하여 손화중과 재기를 도모하였다. 이는 전봉준의 전략적 후퇴였던 것이다.

손화중

혁명운동으로 승화시키다

고부기포 이후 백산에 머물러 있던 동학군은 동학교인에 대한 이용태의 집요한 탄압에 직접적으로 대응하기 보다는 전략적 후퇴를 하기로 하였

김개남

다. 이에 전봉준 등 지도부 손화중이 있는 무장으로 이동하였다.

전봉준이 무장으로 간 이유는 크게 세 가지로 살펴볼 수 있다. 첫째는 고부접주 전봉준의 연원 관계가 무장대접주 손화중의 관내였기 때문이었고, 둘째는 무장대접주로 있는 손화중의 동학세력이 호남 일대에서 가장 규모가 컸기 때문이었다. 셋째는 이러한 관계에서 무장이 지리적으로 고부와 비교적 가까웠기 때문이었다. 특히 전봉준과 손화중은 단순한 연비의 관계뿐만 아니라 동지적 결합관계였다. 이에 따라 전봉준은 손화중의 후원을 받으면서 재기를 위한 새로운 동력을 확보할 수 있었다.

무장에 머물던 전봉준은 손화중과 고부기포의 상황과 관의 동향, 그리고 이후의 대책 등을 논의한 후 손화중의 집에 도소를 설치하였다. 당시 동학교단은 최시형이 머물고 있던 충청도 보은에 대도소를 두었는데, 전봉준과 손화중이 도소를 설치한 것은 대도소와 긴밀한 관계를 유지하면서 유사시 호남지역의 동학조직을 통할하기 위함이었다. 당시 손화중은 전봉준의 기포에 대해 시기상조라 하여 적극적으로 수용하지 않았다. 이는 동학교단과 관계 때문이었다.

손화중은 1892년 공주 신평에 머무를 때 김낙철·김개남·김덕명 등 호남의 주요 지도자와 함께 해월 최시형을 배알하고 호남 동학교인 간의 '상화相和'에 대한 강화를 받은 바 있다. 또한 1892년 11월 삼례교조신원운동은 물론 1893년 2월 광화문교조신원운동에도 참가하였다. 뿐만 아니라 이해 3월 보은에서 전개된 척왜양창의운동에 정읍대접주로 참가하였다.

이처럼 동학교단 지도부와 밀접한 관계를 가지고 있었던 손화중은 전봉준의 의견을 일방적으로 수용할 수는 없었다. 즉 전봉준이 3월 13일 고부에서 동학농민군을 일시적으로 해산하고 3월 20일 무장에서 다시 기포를 할 수 있었던 것은 이 기간에 손화중이 교단과 관계를 원만하게 형성해주었기 때문에 가능하였다.

동학이 하늘을 대신하여 세상을 다스려 나라를 보호하고 백성을 편안케 할 것이다. 우리는 살상과 약탈을 하지 않을 것이나 오직 탐관오리만은 처벌할 것이다.

전봉준·손화중·김개남·김덕명 등 호남의 주요 대접주들은 이것을 기치로 하여 손화중·김개남·김덕명 포의 동학 조직을 집결한 후 3월 20일 무장 당산에서 고부에 이어 포고문을 선포하였다. 포고문의 내용은 다음과 같다.

사람이 세상에서 가장 귀중한 것은 인륜이 있기 때문이다. 군신부자는 인륜 중에서 큰 것인데, 임금이 어질고 신하가 강직하며, 어버이가 인자

무장포고문을 발표한 당산 마을

하고 자식이 효도를 한 이후에 나라가 이루어지고 끝이 없는 복이 올 수가 있다. 지금 우리 전하께서는 어질고 효성스러우며 자애롭고 사랑하는 마음을 가지셨으며, 신통력 있는 명확함과 성스러운 명석함을 지니셨다. 현명하고 어질며 바르고 강직한 신하가 주위에서 명석하도록 도와주면 요순堯舜의 교화와 문경文景의 통치를 가히 지정하고 반드시 이루어질 것이라고 바랄 수가 있다.

지금 신하라는 자들은 나라에 보답할 것을 생각하지 않고 다만 녹봉과 지위를 훔치며, 전하의 총명을 가려서 아부하고 뜻만 맞추면서 충성스럽게 간언諫言을 하는 선비에게는 요망한 말을 한다고 하고, 정직한 사람을 비도라고 부른다. 안으로는 나라에 보답하는 인재가 없고, 밖으로는 백성을 학대하는 관리가 많아, 백성들의 마음은 날마다 더욱 변하여 가정에 들어가서는 생업을 즐겁게 하는 일이 없고, 밖에 나와서는 몸을 보호할 방법이 없으며, 학정이 날마다 심하여 '악'하는 소리가 서로 계속되고 있고, 임금과 신하의 의리와 부모와 자식의 윤리, 위와 아래의 분별이 반대로 무너지고 남은 것이 없게 되었다.

관자管子는 말하기를 "사유四維가 펴지지 않으면 나라가 곧 멸망한다"라고 하였으니, 지금의 형세는 옛날보다 더 심각하다. 정승 이하부터 방백과 수령에 이르기까지 나라가 위태로운 것을 생각하지 않고 다만 자신을 살찌우고 가문을 윤택하게 할 계획에만 마음이 간절하고, 인사를 하고 관리를 선발하는 통로는 재물을 생기게 하는 길로 생각하고 있으며, 과거시험 장소는 물건을 교역하는 시장과 같게 되었고, 많은 재물과 뇌물이 왕실 창고에 납부되지 않고 도리어 개인 창고를 채워 나라에는 채무가 쌓였다.

나라에 보답할 것을 생각하지 않고 교만하고 사치하며 음란하고 멋대로 놀아 두려워하고 거리끼는 것이 없으니, 전국은 어육魚肉이 되고 만백성은 도탄에 빠졌는데도 수령들의 탐학은 참으로 그대로이다. 어찌 백성이 궁핍하고 또 곤궁하지 않겠는가? 백성은 나라의 근본이며, 근본이 깎이면 나라는 쇠약해지는데, 나라를 돕고 백성을 편안하게 하는 방책을 생각하지 않고 시골에 저택을 건립하여 오직 혼자만 온전할 방법만을 찾고, 다만 녹봉과 지위를 훔치니, 어찌 그것이 사리이겠는가?

우리 무리는 비록 시골에 남겨진 백성이지만, 임금의 땅에서 먹고 살고 임금의 옷을 입고 있으므로 앉아서 나라가 위태롭게 되는 것을 볼 수 없어, 팔도가 마음을 같이하고 수많은 백성이 의논하여 지금 의로운 깃발을 내걸고 보국안민 하는 것으로 죽고 사는 것을 맹세하였다. 지금의 모습은 비록 놀라운 것에 속하지만 절대로 두려워하지 말고, 각각 백성의 생업을 편안하게 하고 태평한 세월이 되도록 함께 기원하며, 모두 임금의 교화에 감화된다면 천만다행이다.

3월 20일경 무장에서 기포한 동학군은 고부와 흥덕관아를 점령한 후 3월 26일 백산으로 이동하였다. 동학군은 다음과 같이 지휘체계를 개편하였다.

대　장 : 전봉준
총관영 : 손화중·김개남
총참모 : 김덕명·오시영
영솔장 : 최경선
비　서 : 송희옥·정백현

백산에서 개편된 지휘체계는 동학군의 세력이 확대 강화되었음을 의미한다. 무장에서 기포할 당시에는 전봉준·손화중·김개남의 단순한 지휘체계였지만, 백산에서는 보다 분명한 지휘체계가 확립되었다. 전봉준은 최고지도자로서 지위를 확립하였고, 그 아래 총관령에 손화중과 김개남, 총참모에 김덕명과 오시영, 영솔장에 최경선, 그리고 비서로 송

동학군 집결지 백산 전경

희옥과 정백현을 각각 두었다. 이는 무장기포 당시 보다 조직이 혁명군으로서 강화된 것이라 할 수 있다.

이어 동학군 지도부는 호남뿐만 아니라 그밖에 지역까지 연합전선을 구축하기 위해 격문을 각지로 발송하였다. 격문의 내용은 다음과 같다.

우리가 의義를 들어 차此에 지至함은 그 본의가 단단斷斷 타他에 있지 아니하고 창생蒼生을 도탄塗炭의 중中에서 건지고 국가를 반석磐石의 위에다 두고자 함이라. 안으로는 탐학한 관리의 머리를 베이고 밖으로는 횡폭橫暴한 강적强敵의 무리를 구축驅逐하자 함이다. 양반과 부호富豪의 앞에 약통苦痛을 받는 민중들과 방백과 수령의 밑에 굴욕屈辱을 받는 소리小吏들은 우리와 같이 원한怨恨이 깊은 자者라. 조금도 주저躊躇치 말고 시각時刻으로 일어서라. 만일萬一 기회期會를 잃으면 후회後悔하여도 믿지 못하리라.

백산으로 호남 일대의 동학농민군이 집결함에 따라 동학농민군은 새로운 강령과 군율이 필요하였다. 이미 '동학'이라는 종교적 이념을 토대로 하고 있지만 보다 분명히 할 필요가 있었다. 이에 따라 동학농민군 지도부는 '4대 명의名義'(강령)와 '12조의 기율紀律'(군율)을 제정하였다. 먼저 4대 명의는 다음과 같다.

첫째, 사람을 죽이지 않고 물건을 함부로 없애지 않는다.(不殺人 不殺物)
둘째, 충과 효를 함께 온전히 하며 세상을 구하고 백성을 편안하게 한다.(忠孝雙全 濟世安民)
셋째, 일본 오랑캐를 쫓아내 없애고 성스러운 도를 맑고 깨끗하게 한다.(逐滅倭夷 澄淸聖道)
넷째, 군대를 몰고 서울로 들어가 권세가와 귀족을 모두 없앤다.(驅兵入京 盡滅權貴)

나아가 백산의 동학농민군 지도부는 역시 혁명의 정당성을 확보하기 위해 보다 엄격한 기율이 필요하였다. 이에 따라 동학농민군이 반드시 지켜야 할 12개조의 군율을 다음과 같이 제정하였다.

① 항복하는 사람은 따뜻하게 대한다.(降者愛對)
② 곤궁한 사람은 구제한다.(困者救濟)
③ 탐학한 관리는 쫓아낸다.(貪官逐之)

④ 따르는 사람은 경복한다.(順者敬服)

⑤ 굶주린 사람은 먹여준다.(飢者饋之)

⑥ 간사하고 교활한 사람은 없앤다.(姦猾息之)

⑦ 도주하는 사람은 쫓지 않는다.(走者勿追)

⑧ 가난한 사람은 진휼한다.(貧者賑恤)

⑨ 불충한 사람은 제거한다.(不忠除之)

⑩ 거역하는 사람은 효유한다.(逆者曉喩)

⑪ 병든 사람은 약을 준다.(病者給藥)

⑫ 불효하는 사람은 형벌한다.(不孝刑之)

07 동학혁명에 참가하다

청일전쟁으로 국가존망이 누란지세에 빠지다

　동학군의 기세가 삼남지역을 뒤흔들자 정부에서는 당황하여 이를 진압하기 위하여 외국군의 원조를 요청하게 되었다. 이에 청일 양군이 들어옴으로써 결과적으로 청일전쟁까지 일으키는 요인이 되었다.
　일본은 청일전쟁 전까지는 그래도 동학당을 이용하고자 천우협天佑俠 같은 민간 낭인단체를 내세워 남원·전주 일대에 웅거한 동학과 접촉하여 호의적인 반응을 보여주었다. 그러나 청나라와 전쟁이 유리하게 전개되자 일본은 친청파를 몰아내고 수립한 친일정권을 육성하기 위하여 이제는 혁명군 진압을 담당하고 나서면서 동학교단과의 관계도 멀어지게 되었다. 이 나라의 자주독립과 개화를 부르짖던 일제가 하루아침에 태도를 돌변하여 대군을 몰아서 왕궁을 제 마음대로 점령하는 등 주권마저 침해하였다.
　이러한 일제의 만행을 본 호남지방의 대장들과 호서 일대의 두령들은

동학군을 진압하기 위해 출동하는 관군

최시형을 움직여 그의 지령하에 호남지역 동학군과 호서·경지지역 동학군이 서로 호응하여 항일구국의 연합전선을 전개하기로 하였다. 그동안 동학혁명에 미온적이던 교단지도부는 동학혁명에 적극 호응하게 되었다. 이때 교단지도부를 설득하여 호남지역 동학군과 호응케 한 것은 전적으로 손병희의 노력이었다.

　최시형의 명령으로 기포한 동학군은 우선 무장을 갖추어야 했다. 9월 25일은 음죽관아, 29일은 진천관아를 공격하여 군기를 탈취했다. 당시 진천·이천·안성·여주·음죽 동학군은 광혜원에, 손병희 휘하의 충의포와 강원도 일부 동학군은 황산黃山(현 음성군 금왕읍 황새마을)에, 충주 신재련 휘하의 동학군들은 보들(현 금왕읍 도청리, 신평리 일대)에 모여 있었다. 이들은 10월 초에 손병희의 지휘를 받아 움직이게 되었다.

황산 도소에 수만 동학군이 집결해 있다는 정보를 입수한 선유사 정경원은 10월 4일경에 포군 500명을 이끌고 황산으로 출동하였다. 경기도 편의장 이종훈은 사창에 주둔하고 있던 정경원과 담판을 벌여 싸움 없이 보은으로 이동하였다. 손병희 휘하의 충의포 동학군은 10월 6일에 황산을 출발 괴산으로 향하였다. 괴산에 이르자 수성군과 일본군이 총격을 가해 왔다. 당시 상황은 정부측 기록에 이렇게 쓰여 있다.

10월 6일에 이르러 동학군 누 만 명이 두 길로 나누어 살분殺奔 입경하였다. 이때 일본군 25명이 지나다가 북쪽에서 동학도가 오는 것을 보고 다가갔으며 남쪽으로 들어오는 적은 수어군이 맞아 싸웠다. 동학도는 많고 수성군은 적어 버틸 수가 없어 남쪽 전투는 불리하게 되었고 북쪽에서도 역시 패하여 일본군 1명이 사망하였다. 수성군과 부민도 11명이나 죽었으며 창에 찔리거나 총에 맞아 중상을 입은 자도 30여 인이나 되었다. 그리고 읍하 5동의 민가도 500여 호가 불타버렸고 관아 공해들도 모두 부서졌으며 오직 객사만 남았다. 군기·집물·문부는 불살라졌고 환곡 40석과 공전 8천여 금을 빼앗겼다.

7일 아침 일본군이 철수하자 동학군은 괴산에 들어가 하루를 묵고 8일에 보은 장내리로 이동했다. 이곳에서 충경포(보은) 동학군과 문청포(문의 및 청주) 동학군이 합류하여 2만 명으로 늘어나자 12일에 청산으로

손병희가 통령기를 받은 청산면 문바윗골

내려갔다.

최시형은 각포 두령에게 통령기를 썼다.

"지금 도인된 자 앉으면 죽고 움직이면 살 것이니 다같이 용기를 내어 나아가 싸우라."

이것을 손병희에게 주면서 혁명대열에 참여하도록 하였다. 12일부터 식량을 비롯하여 만반의 준비를 갖춘 호서동학군은 다음날 전투병력과 편제를 다음과 같이 정하였다.

중군 : 손병희

선봉 : 전경수

후진 : 전규석

좌익 : 이종훈

우익 : 이용구

한편 전봉준은 10월 14일 삼례에서 출동하여 논산·노성 일대에 진격하게 되었다. 손병희는 14일 청산을 출발하여 영동 심천과 진산을 거쳐 16일에 논산에 도착하였다. 당시 논산에는 여산·익산·논산·노성·부여·공주 등지 동학군들이 모여들어 2만여 명에 이르렀다.

손병희는 논산에서 전봉준과 형제의 의를 맺고 공주 공략에 대해 서로 의논하였다. 이날 전봉준은 호서동학군이 도착하자 양호창의영수兩湖倡義領袖 명의로 충청감사에게 일본군을 같이 물리치자는 서한을 보냈다. 그리고 동학군은 20일부터 행동을 개시하여 노성 일대와 경천 일대로 진출하였다. 당시 동학군인 목표로 삼은 곳은 공주였다. 공주는 북상을 위한 지리적 이점을 갖고 있는 한편 지형적으로도 산이 성처럼 사방으로 둘러싸고 있고 북서쪽으로는 금강이 감싸고 있어 방어에도 유리하였다. 전봉준은 「공초」에서 이렇게 밝혔다.

공주 감영은 산이 막히고 강이 둘러 있어 지리가 뛰어나 이 곳을 차지하고 굳게 지킨다면 일본군도 쉽게 빼앗지 못할 것이므로 공주에 들어가 일본군에 격문을 보내 버텨보고자 했다.

동학군의 공주 공격은 10월 23일부터 시작되었다. 공주로 들어가는 길은 동쪽은 효포를 거쳐 참새골과 남다리를 지나 금강을 끼고 장기대 나루로 가는 길이 있고, 효포에서 서쪽 산을 타고 곰티로 넘어가는 길이 있다. 그리고 동남쪽으로 가마울을 거쳐 능선을 넘어 공주 금학동 큰골로 넘어가는 길과 남쪽 오실동 뒷산을 넘어 금학동 하성다리로 가는 길이 있다. 다음은 남쪽 우금치로 넘어가는 길이 있으며 우금치 서쪽 견준산과 공주 남쪽 봉황산 사이에 있는 새재를 넘어 봉황동으로 들어가는 길이 있으며, 서쪽 금강을 따라 저대와 한산을 거쳐 들어가는 길이 있다.

1차 공격은 효포와 이인쪽에서 공주로 진격하였다. 전봉준이 이끄는 호남 동학군은 효포 방면, 손병희가 이끄는 호서 동학군은 이인 방면을 각각 담당했다. 23일 호남 동학군은 효포 일대를 장악하고 전봉준은 24일 새벽 4천의 정예를 투입하여 웅치 능선을 오르게 했다. 당시 안성군수 홍운섭과 조병완이 1개 소대 병력으로 금강진두를 수비하였고, 구상조는 1개 소대 병력으로 봉수대를 방어하고 있었다. 25일 서산군수 성하영이 곰티를 방어하였고 구상조와 일본군 30명은 남쪽의 동학군 좌측을 공격하였고 홍운섭과 조병완은 동학군의 북쪽 우측을 담당하도록 하였다. 동학군에 유리하던 전투는 24일 한다리에 진주하였던 동학군이 관군의 기습에 무너져 협공작전에 차질이 생기면서 혼란에 빠졌다.

우금치의 길목인 이인 쪽을 담당했던 손병희 휘하 호서동학군은 23일에 이인으로 진출하여 우금치를 넘으려 하였다. 관군은 성하영 휘하 경리청 대관 윤영성과 참모관 구완희가 이끄는 관군 약 350명이었고 일본군은 스즈키 군조가 이끄는 약 30명이었다. 동학군은 지형이 유리한

취병산으로 올라가 포진하고 공격에 나섰다. 동학군은 신식무기인 회선포를 쏘아 관군의 공격을 저지하였다. 한나절을 대항하던 관군과 일본군은 동학군에 밀려 우금치로 후퇴하고 말았다. 일부 동학군이 이인 뒤쪽으로 돌아가 포위작전을 시도했기 때문이다. 이후 관군과 일본군은 공주를 방어하는 쪽으로 전술을 바꾸었다. 이인에 진출했던 동학군도 노성으로 철수하여 휴식을 취하고 있었다. 11월 3일에 이르자 관군은 판치와 이인에 경리청 소대를 파견하여 동학군의 동태를 살피기 시작했다. 당시의 관군은 3,200명이었고 일본군은 후비독립 제19대대가 참전했다.

2차 전투는 11월 9일 12시경부터 시작되었다. 동학군은 수만 명이 기치를 들고 북을 치면서 산을 오르며 공주를 공략하려 하였고 12시경에는 우금치 전방 150미터까지 접근하였다. 수세에 몰린 일본군과 관군은 1시 40분경에 역공으로 나왔다. 일본군은 2천발의 탄약을 집중하며 동학군을 공격하자 결국 동학군은 움츠러들었고 2시 20분경에 일본군은 정면으로 공격하여 왔다.

손병희가 이끄는 호서동학군은 이때 우금치 서쪽과 봉황산 일대에서 공격전을 벌였다. 『천도교서』에 의하면 이종훈·홍병기·이용구·임학선·이승우·최영구 등이 측근으로 활동하였다 한다. 『시천교종역사』는 당시의 상황을 생생하게 기록하고 있다.

드디어 봉황산으로 진격하자 경병과 일병이 산을 따라 사격하여 왔으며, 교도들은 죽음을 무릅쓰고 전진하여 양군이 10여 차례나 교전을 벌였다.

동학군 최대의 전투지인 우금치 일대

이용구는 정강이에 총상을 입었으며 일본군이 압박하자 힘이 달려 일시에 무너지고 말았다. 논산까지 물러나 다시 모이게 되었다.

웅치와 향봉쪽의 동학군은 11일까지 공방전을 벌였으나 공주 함락에 실패하고 노성으로 물러났다. 12일 양호 동학군은 충청감사에게 '척왜척화斥倭斥華'를 위해 동심협력하자는 글을 보냈으나 당시 일본군의 진두지휘로 전투가 진행되던 상황에서 답을 기대할 수는 없었다.

공주 우금치에서 막강한 화력을 가진 관군과 일본군의 연합부대에 패한 동학군은 논산으로 후퇴하였다. 공주 우금치전투는 동학혁명 과정에서 가장 치열했던 전투였다. 당시 관군은 동학군과 전투상황을 이렇게 기록하였다.

몇 만 명 되는 동학군이 40~50리를 연이어 에워싸서 길이 있으면 빼앗고 높은 봉우리는 다투어 차지하여 동쪽에서 소리를 지르다가 서쪽으로 후퇴했고, 왼쪽에서 번쩍 하다가 오른쪽에서 튀어나오면서 깃발을 흔들고 북을 치며 죽을 각오로 먼저 산에 올라왔다.

그럼에도 불구하고 동학군은 수많은 희생자를 내고 논산으로 후퇴할 수밖에 없었다. 이러한 상황을 「균암장 임동호씨 약력」에서 임동호는 다음과 같이 쓰고 있다.

다시 공주로 행진하던 중 전봉준은 노성으로 향하여 공주산성으로 들어가고, 본진은 이인에서 수비하는 관군을 격파하고 산중에서 숙박하고 다음날 이른 아침에 서쪽에서 공주로 공격해 들어가던 중 소개봉小蓋峯에 있던 관군과 일본군은 두 개의 봉우리를 점령하였다. 전봉준은 동쪽에서 공주산성으로 공격해 들어갔는데 관군은 소개봉의 큰 봉우리에 유진하고 있었다. 이에 서로 공격하던 중 잠깐 호군하다가 실패하여 경천 땅에 퇴진하여 있고, 전봉준은 그저 응전하면서 본진으로 통지하되 반격하라 하였으나 반군치 않고 하루를 유진하던 중 전봉준군이 퇴진하여 도로 논산으로 유진하였다.

동학군은 공주를 점령하기 위해 이인과 노성에서 협공을 하였지만 소개봉에서 응전하는 관군과 일본군의 화력에 밀려 전봉준은 경천敬川으로 후퇴하였다. 전봉준은 이곳에서 손병희가 이끄는 동학군에게 계속 공격하기를 통지하였지만 이미 열세를 확인한 동학군은 직접 관군 및 일본군과 전투를 하기보다는 관망하다가 결국 여산으로 후퇴하였다.

　여산으로 후퇴한 손병희의 동학군은 여산 삼리三里에 집결하여 하루를 머물렀다. 이곳에는 전봉준의 동학군이 군량미 9천 석을 쌓아두었던 곳이었는데, 이를 경계하면서 호위하였다. 그러나 급히 후퇴하던 관계로 다음날에는 익산으로 가서 이틀을 머물다가 다시 삼리로 가서 군량미 9천 석 중 남아있던 군량을 각자 나누어 휴대하고 이날 밤 전주성으로 퇴진하였다. 전주성에서는 사흘을 머물렀다. 한편 논산으로 후퇴하였던 전봉준 동학군은 황화대에서 관군과 전투를 치뤘으나 패하여 전주로 퇴각하였다. 이로써 논산으로 후퇴하였던 전봉준이 이끄는 동학군과 손병희가 이끄는 동학군은 전주성에서 합류하였다.

국가수호를 위한 대결집에 나서다

전주성에서 새로운 진용을 갖춘 동학군은 금구 원평장터로 이동하여 이곳에서 유진하였다. 원평은 김덕명 대접주의 근거지였으며, 보은에서 척왜양창의운동을 전개할 때 호남지역의 동학교인들이 집회를 열었던 곳이기도 하였다. 뿐만 아니라 원평장터는 인근의 물산이 집결하는 곳인 동시에 교통의 길목이었다. 이로 볼 때 동학군이 원평에 유진한 것은

논산 황화대전투가 전개되었던 황화대 정상

보급 물품의 조달과 후퇴하는 동학군을 다시 집결시킬 수 있는 전략적 요충지였기 때문이다.

원평장터에 머물고 있던 4일째 되는 날 11월 25일 이른 아침, 동학군은 추격해오던 관군·일본군과 격렬한 전투를 전개하였다. 원평전투에 참가한 일본군은 우금치전투에 참가하였던 부대가 아니라 청주를 거쳐 문의와 증약에서 동학군을 물리친 일본군이었다. 이들은 금산을 지나 연산과 고산에서 동학군과 전투를 치르고 원평으로 진출하였다. 그리고 관군은 교도중대로 책임자는 이진호李軫鎬였다. 이진호는 훗날 손병희가 일본에 망명했을 때 동학에 입도한 바 있었다. 그러나 훗날 천도교를 그만두고 친일 인물로 활동하였다. 당시 이진호가 보고한 원평전투 상황은 다음과 같다.

이 달(11월) 24일에 파송한 대관 최영학이 병정 1대와 일본 군대 1대를 거느리고 금구읍에 가서 유숙하고 25일 9시에 원평에 도착하여 동학군 1만여 명과 접전하였는데, 오전 9시부터 오후 5시까지 동학군 35명을 사살하여 크게 격파하였습니다. 획득한 군물은 모두 일본 소대장에게 소속시켰는데, 돈이 3천 냥, 무명이 10동, 회룡총이 10자루, 조총이 60자루, 연환이 7석, 화약이 5궤짝, 도창이 수백 자루, 자포가 10좌, 궁시의 피갑 및 문적이 2롱, 소아 3마리, 나귀가 2필, 말이 9필입니다. 그 중에 긴요하지 않은 물건은 모조리 불태웠고, 백미는 600석 가까이 되는데 옮길 수 없었고, 그날 오후 5시부터 7시 사이에 금구읍으로 회군하여 밤을 지냈습니다.

11월 25일 오전 9시부터 시작된 원평전투는 오후 5시까지 8시간 동안 격렬하게 전개되었는데, 동학군 37명이 목숨을 잃었다. 뿐만 아니라 원평전투에서 일본군이 노획한 물품을 보면 동학군의 피해가 얼마나 컷는지 잘 알 수 있다. 임동호는 원평전투에 대하여 "격전 끝에 패전했다"라고 간략하게 기술하였다.

원평전투가 전개되었던 곳은 원평천 건너편 구미란 뒷산이었다. 전봉준과 손병희가 이끄는 동학군은 구미란 뒷산을 가득 매웠고, 이를 간파한 일본군과 관군은 기습 공격하였다. 그리 높지 않은 구미란 뒷산을 삼면으로 둘러싼 동학군은 대항하였으나 우세한 화력으로 공격해오는 일본군과 관군을 당할 수 없었다. 결국 37명의 동료를 희생시킨 다음 퇴각하지 않을 수 없었다. 순무선봉장 이규태는 이렇게 보고할 정도였다.

원평 장터의 가게와 민가 40여 호가 잇달아 불에 탔고, 동학군이 저장해 둔 곡식 몇 백 섬과 민가의 물건이 모조리 불에 타 보는 것마다 극히 근심스럽고 참담할 지경이다.

원평전투에서 패배한 동학군은 전봉준과 손병희의 지휘로 태인으로 퇴각하여 3일간 머물렀다. 그러나 태인에서도 추격하는 관군과 다시 대규모의 접전을 하였으나 역시 패하고 말았다. 임동호는 태인전투에 대해서도 간략하게 기술했다.

태인으로 쫓겨 가서 3일을 유하다가 추격 관군과 또 격전하여 패하였다.
그렇지만 태인에서 맞닥뜨린 동학군과 이두황 부대는 격렬한 전투를 전개하였다. 당시 관군이 보고한 태인전투 상황은 다음과 같다.

지난 달 26일 본 진영의 좌부영관 이두황의 명령으로 대관 윤희영과 이규식, 교장 오순영·장세복·양기영·이경진·홍선경 등이 병사 230명과 일본군 40명을 거느리고 전라도 감영으로부터 출발하여 금구읍의 숙소에 도착하였습니다. 이튿날 새벽에 행군하여 태인의 경계에 도착하니 이때는 오전 10시경이었습니다. 동학군들의 형세를 보니 전봉준·김문행·유공만·문행민 등 4명의 접주가 8천여 명을 이끌고 태인읍의 주산인 성황산城隍山·간가산間加山·도리산道理山에 진을 치고 있었습니다. 세 곳이라고 하지만 봉우리가 아홉이나 되어서 깃발을 세우자 진의 형세가 이루어졌습니다.

태인전투가 전개되었던 태인 일대

동학군들은 경군이 도착한 것을 알고 천보총을 한꺼번에 발사하여 총소리가 계속 끊이지 않고 탄환이 비 오듯 날아왔으며, 계속해서 깃발을 휘두르고 나팔을 크게 불어 그 기세가 대단하였습니다. 동학군들이 모여 있는 곳은 모두 높은 산 요해처이고 그 나머지는 모두 평평하고 넓은 들판이었습니다. 우리 군사는 230명이고 일본군은 40명이었는데, 대관 윤희영, 교장 이경진·홍선경이 거느린 병사 90명과 일본군 20명은 동학군이 있는 산 서쪽 길에서부터 공격하였고, 대관 이규식, 교장 오순영·장세복·양기영이 거느린 병사 140명은 일본군 20명과 함께 동쪽 길을 따라 대응하여 공격하기로 정한 다음, 길을 나누어 양 쪽에서 군대가 일제히 산위로 쇄도해 올라갈 때에 동학군의 탄환이 끊이지 않고 아래로 쏟아졌습니다.
그래서 혹은 밭이랑에 기대어 마구 발사하기도 하고 혹은 들판에 엎드려 발사하기도 하면서 우리 군대가 조금도 두려움 없이 대열의 선두와 후미가 서로 호응하여 앞을 향해 계속 진격하였습니다. 동학군이 비로소 두려워하고 겁먹은 기색으로 깃발을 막 움직이려는 때 두 길목에 있던 군사들이 일제히 함성을 지르며 산을 올라 신속하게 공격하자 동학군은 선두와 후미가 구분되지 않은 채 물러나 흩어지게 되었습니다.

손병희는 전봉준과 함께 퇴각하는 동학군을 지휘하면서 관군과 일본군이 연합한 추격대와 격렬한 전투를 하였다. 성황산 등 높은 지형을 이용하여 진을 치고 있다가 추격대의 동향을 먼저 파악하고 선공하였다. 그러나 막강한 화력에 밀려 또다시 후퇴할 수밖에 없었다. 퇴각 상황은 다음과 같았다.

동학군들이 진을 쳤던 산을 탈환하고서 건너편을 바라보니 앞산에 있던 동학군들이 성황산에 있는 동학군과 합류하여 계속 회룡총을 발사하고 나팔을 크게 부니 탄환이 비 오듯 쏟아졌습니다. 그래서 그대로 산을 내려와 군대를 모으고 각각의 산으로 오르면서 한꺼번에 총을 쏘며 계속 공격하니 그 소리가 우레와 같았습니다.
동학군들은 방비도 제대로 하지 못하고 스스로 감당할 수 없음을 알고 사방으로 흩어져 도주하였습니다. 우리 군대는 네 길로 나누어 군대가

손병희가 이끄는 동학군의 최후전투지 음성 되자니 일대

동서로 20리 되는 곳까지 쫓아가서 마침내 각기 생포한 동학군이 50여 명이고, 총에 맞아 죽은 동학군이 40여 명이었습니다. 획득한 군수물품은 회룡총 15자루, 조총은 200여 자루이며 탄약과 창은 그 수를 헤아릴 수 없을 만큼 많았고, 말이 6필이었습니다.

오전 9시부터 전개된 태인전투는 오후 7시경에 끝이 났다. 40여 명의 동학군이 희생되고, 50여 명이 피체된 가운데 손병희와 전봉준은 고부 백산으로 이동하였다. 백산은 동학혁명의 첫 기포인 고부기포 때부터 동학군의 전략적 요충지였다. 백산에서 손병희와 전봉준은 그동안 이끌어 온 연합전선을 부득이 해체할 수밖에 없었다. 이에 손병희와 전봉준은 후일을 기약하고 각각 퇴각로를 정하였다. 손병희가 이끄는 동학군은 정읍을 지나 장성 갈재로 퇴각로를 정하고 북상하였다.

이와 같은 공주 우금치전투와 이후 손병희가 이끌었던 동학군의 동향에 대해 이종훈은 다음과 같이 기록하였다.

의암 선생의 말씀을 받들어 논산으로 이동하여 전봉준과 합진한 지 3일 만에 의암 선생께서는 신사를 모시고 와서 진중에 유중하였다. 관군과 3차례 공주전투에 크고 작은 전투를 하였으나 패하고 관군의 추격으로 인하여 전라도 장성까지 14번의 교전을 하였다.

이후 손병희가 지휘하는 동학군은 무주 무풍과 영동 용산에서 추격하는 관군을 격퇴시키고 보은 종곡으로 이동하였다. 그러나 종곡에서 관군의 습격을 받아 다시 퇴각하여 충주 외서촌에 이르렀다. 이곳에서 다시 관군과 전투를 치렀으나 전의를 상실한 동학군은 더 이상 싸움이 되지 않았다. 이에 손병희는 외서촌전투를 끝으로 그동안 생사를 같이 하였던 혁명의 동지들을 해산할 수밖에 없었다. 이후 그는 손천민·손병흠孫秉欽·김연국·홍병기·임학선 등과 더불어 스승 최시형을 모시고 강원도 땅을 찾아 떠나갔다.

동학교단의 최고지도자가 되다　08

스승 해월 최시형 피체·순도하다

1894년 동학혁명이 한국 근대사에 끼친 영향은 적지 않았다. 안으로는 갑오개혁을 통해 근대화의 발판을 마련하였고, 밖으로는 청일전쟁에서 일본이 승리함에 따라 일본은 침략국이 되었다. 이에 따라 우리나라는 일제의 침략행위에 직간접적으로 그 영향권 안에 들 수밖에 없게 되었다. 이와 같은 국내외의 변화되는 상황에서 동학교단은 존립 그 자체가 무엇보다도 우선이었다.

동학혁명을 주도하였던 교단의 지도부는 산간지역을 숨어다니면서 명맥을 유지하였으며, 반봉건·반외세의 혁명 대열에 참여한 동학교인 또한 삶의 터전을 버리고 유리걸식을 하는가 하면 역시 산간지역에 은신하면서 지낼 수밖에 없었다. 최시형은 강원도 홍천을 거쳐 원주 치악산 수레너미로 은신하였다. 이때 손병희를 비롯하여 교단의 주요 지도자들과 함께 머물렀다. 1896년 1월 5일 최시형은 손병희를 불렀다.

"그대의 절의는 천하에 미칠 자가 없다."

최시형은 그에게 의암義菴이라는 도호道號를 주었다. 이는 최시형이 후계자로 손병희를 염두에 두었음을 의미한다. 이후 손천민에게는 송암松菴, 김연국에게는 구암龜菴이라는 도호를 주었다. 이어 최시형은 손병희·손천민·김연국 공동명의로 교단의 경통敬通을 반포하게 함으로써 3인 집단지도체제가 형성되었다.

동학혁명 이후 정부는 동학혁명의 최고지도자인 해월 최시형을 체포하기에 혈안이 되어 있었다. 이 시기 최시형은 경기도 여주 전거론에 머물고 있었다. 그렇지만 그는 고령과 오랫동안의 은신생활로 운신하기조차 쉽지 않았다. 그리고 시시각각 조여드는 관의 탄압으로 후계자 지정을 더 이상 미룰 수 없었다. 그는 1897년 12월 24일 손병희에게 동학교단의 종통을 전수하였다. 이로써 그동안 3인 집단지도체제에서 손병희 중심의 단일지도체제가 확립되었다.

최시형을 체포하고자 하는 관의 추적은 집요하였다. 1898년 1월 3일 관군 20여 명이 교인 권성좌를 앞세우고 여주 전거론에 은신하고 있던 최시형의 집으로 들이닥쳤다. 관군에게 피체된 권성좌는 그들의 협박을 못 이겨 최시형의 동정을 발설하고 말았던 것이다. 당시 최시형은 병석에 있어서 피신할 수 없는 급박한 상황이었다.

1월 3일 아침, 관군 20여 명이 들이닥쳤다. 최시형이 거처하는 집에는 손병희와 그의 아우 손병흠 그리고 염창순·임순호 등이 함께 있었다. 울타리 사이의 아랫집에는 김연국·김낙철·김낙봉 등이 살고 있었는데, 이날은 마침 김낙철만 있었다. 관군 1명이 권성좌를 앞세우고 들어와 최시형을 비롯하여 손병희·김치구 등을 찾았다. 이때 손병희는 권성좌를 향해 크게 꾸짖었다.

"너는 어떤 놈이기에 사대부의 집에 와서 동학 괴수의 집이라고 무고하느냐!"

이에 권성좌는 자신이 잘못 알고 왔다고 말하곤 관군을 이끌고 김낙철이 있는 아랫집으로 갔다. 김낙철은 자신이 최시형이라고 하며 대신 체포되었다. 김낙철은 관군이 최시형을 찾으러 갔을 때 피신하고자 하는 마음이 없었던 것은 아니었지만, 동학교단과 최시형을 보호하기 위해 자신을 희생하기로 하고 관군을 기다리고 있었다. 김낙철은 관군에게 피체된 후 여주와 이천을 거쳐 서울로 압송되었다가 6개월 만에 풀려났다.

손병희의 기지와 김낙철의 위장체포로 절체절명의 위기를 넘길 수 있었다. 손병희와 손병흠·김연국 등은 최시형을 모시고 곧바로 전거론을 떠났다. 그러나 엄동설한은 매서웠다. 몸과 마음마저 얼어붙는 혹한의 추위를 무릅쓰고 최시형 일행은 경기도 지평 이강수와 강원도 홍천 오창섭의 집에서 잠시 머물렀다. 2월 말경에는 임학선의 주선으로 강원도 원주 송골의 원진여의 집에 머물게 되었다. 이러한 와중에서도 평안도에서는 포덕이 크게 일어났다. 나용환·나인협·이두행 등이 최시형을 예방하자, 앞으로 동학의 운이 북쪽에 있다고 포덕의 중요성을 강조하였다.

4월 5일 창도기념을 앞두고 득도향례를 지내기 위해 각지에서 주요 인사들이 원주 송골로 모여들었다. 그러나 최시형은 거듭 당부하였다.

"이번 향례는 각기 돌아가서 지내라. 내가 생각한 바가 있으니, 명을 어기지 말라."

창도일인 4월 5일 정오경 홀로 남은 최시형은 차분히 마음을 준비하였다. 최시형을 체포하기 위해 경무청과 밀약한 송경인은 자신의 영달을 위해 관군을 이끌고 원진여의 집을 급습하였다. 송경인은 동학의 교세가 크게 일어나자 입도하여 접주로서 동학혁명 대열에 참가한 바 있었다. 그러나 동학이 쇠퇴하자 마음이 변하여 함께 주문을 외고 피를 흘렸던 동지들을 사냥하는 앞잡이가 되었던 것이다. 혁명 동지들을 사지로 몰아넣던 송경인은 최시형도 그 대상으로 하였다. 최시형의 거처를 탐문한 후 관병에게 연락하여 스스로 앞장서서 원주 송골로 향하였다.

피체될 당시 병약한 몸으로 스스로 거동조차 힘들었던 최시형은 서울로 압송되었다. 원주 송골에서 문막까지는 육로로, 문막에서는 남한강을 따라 배로 서울까지 이동하였다. 이후 최시형은 평리원 고등재판소에서 10여 차례 신문 끝에 '좌도난정률'이라는 죄목으로 1898년 6월 2일 육군법원, 현재 종로3가 단성사 뒤편에서 순도하였다.

경자설법으로 지도체제 단일화하다

해월 최시형 순도 후 동학교단의 지도부는 다시 동요하기 시작하였다. 손천민은 말했다.

"스승님이 형을 받고 돌아가셨으니, 우리들이 어찌 구구하게 살기를 도모하겠는가. 스승님을 따라 순도하는 것이 옳다."

일순간 긴장이 엄습하였다. 그러나 이에 대해 손병희는 좌중을 진정시켰다.

"그 말은 비록 옳지만, 이것은 한 열사가 가야 할 길이요, 대도를 책임을 진 우리가 가야 할 길은 아니다. 나는 오히려 살아서 스승님의 은혜에 보답하고자 한다."

손병희의 이러한 의지는 홀로 목숨을 유지하기 위한 방편이 아니라 교단의 최고책임자로서 그 책임을 다하고자 하는 의미로 풀이할 수 있다. 이에 교단지도부는 일단 관의 지목을 피하기 위해 해산하기로 하였다.

박인호

관의 지목을 피해 수개월간 은신을 하는 동안 손병희에게는 고뇌와 갈등이 상존하였다. 막상 살아남아서 동학을 이끌어가기로 다짐을 하였지만 시시때때로 가해오는 관의 압박은 손병희의 가슴을 짓누르고 있었다. 그렇다고 자신의 어깨에 달려있는 동학을 버릴 수는 없었다. 오히려 지금의 위기를 동학의 기틀을 마련하기 위한 기회로 삼기로 하였다. 이에 따라 손병희는 수련에 정진하는 한편 교단을 재정비하였다. 1899년 4월에는 동학혁명 당시 덕의대접주로 내포지역에서 활약하였던 박인호에게 춘암春菴이라는 도호를 주었다. 이어 7월에는 「각세진경」을, 12월에는 「수수명실록」을 지어 반포하여 교인의 신앙심을 강화하는 한편 포덕에도 주력하였다. 또한 이듬해 1900년 4월 23일 지평군 이종훈의 집에서 입도문을 새로 제정하는 등 교단을 점차적으로 정비해 나갔다. 1901년에는 광주에 모셨던 스승 최시형의 묘를 여주 천덕산으로 이장하였다.

호사다마라 할까. 한동안 안정되었던 교단은 새로운 갈등의 불씨가 제기되었다. 김연국이 동학 승통에 대해 불만을 가지고 있었던 것이다. 최시형의 묘를 이장할 때 손병희를 비롯하여 대부분의 교단지도부가 참가하였는데, 김연국은 참석하지 않았던 것이다. 동학의 종통은 1897년 12월 24일 여주 전거론에서 의암 손병희에게 전수하였다. 당시 최시형은 의암 손병희·구암 김연국·송암 손천민을 함께 불렀다. 그리고 이렇게 말하며 교단의 지도체계를 확립하였다.

"너희 3인 중에 또한 주장이 없지 못할 것이니, 의암으로 주장을 삼노라."

그러나 동학의 입문이나 오랫동안 최시형를 모신 바 있는 김연국은 적지 않은 불만을 가지고 있었다. 이러한 불만을 알고 있던 손병희는 이제야 조금씩 정비되어 가는 교단의 분열을 우선 염려하였다. 이에 손병희는 김연국에게 제안하였다.

"스승님의 명교에 대해 각지의 두목을 모아 놓고 두 분 스승의 신위를 모시고 스승의 영험으로써 다시 종통연원을 정하자."

김연국이 이를 흔쾌히 받아들이자 손병희는 5월 27일로 날짜를 정하였다. 그러나 종통설법식을 하기로 한 5월 27일, 김연국이 참석하지 않음에 따라 종통설법식은 연기되었다. 최시형 순도 2주기인 1899년 6월

2일 향례식에 참석한 김연국은 7월 20일 풍기에서 다시 종통설립식을 갖기로 약속하였다.

7월 20일 풍기 이용구의 집에서 종통설법식이 거행되었다. 이날 설법식에는 손병희와 김연국을 비롯하여 손천민·이용구·손병흠·이종훈·홍병기·이병춘·김낙철·박희인·홍기조·오영창·박인호 등 동학의 중요지도자 30여 명이 참석하였다.

"내가 종통을 받았음은 여러분들이 이미 알고 있는 바이다. 그러나 신사의 정령은 유명幽明이 일치할지니, 확연히 신사의 강서講書를 받아 종통을 정하는 것이 옳다."

이렇듯 손병희는 법석法席을 마련하는 한편 종통설법식의 중요함을 발표하였다. 그리고 손병희는 이용구의 여섯 살 된 어린 생질을 가리키며 제안했다.

"이 아이는 순연한 천심일. 이제 이 아이에게 붓을 잡게 하여 강서를 받음이 어떠한가?"

참석자 대부분이 찬성하였다. 이윽고 종통설법식을 거행하려는 순간, 김연국이 말했다.

"스승께서 제세 시에 의암으로 하여금 이미 종주를 삼고 우리들로 하여금 힘써 도우라 하였거늘, 이제 다시 신령 앞에 강서를 받는다면 스승님의 정령이 반드시 노할 것이니, 스승께서 제세 시의 유훈에 따라 대종주의식을 거행하는 것이 옳다."

김연국은 최시형의 뜻을 받아들이고 손병희의 종통을 인정하였다.

이에 모든 사람들이 찬성함에 따라 곧 바로 손병희의 대종주의식이 거행되었다. 손병희는 대종주大宗主 관복을 입고 법대도주法大道主로서의 의식을 거행하였다. 여기서 '법대도주'의 '법法'은 '근본'이라는 의미를 가지고 있다. 그래서 '법'은 '으뜸' 또는 '제일'의 뜻으로 해석한다. 이러한 점에서 볼 때 '법대도주'라는 의미는 동학교단의 최고책임자임을 뜻한다. 이는 최시형을 '법헌法軒'으로 추대한 것과 마찬가지라고 할 수 있다. 법대도주로서 종통설법식을 마친 손병희는 손천민을 성도주誠道主, 김연국을 신도주信道主, 박인호를 경도주敬道主로 각각 임명하였다. 이로써 동학교단은 손병희를 정점으로 조직체계를 정비하는 한편 지도체계도 일원화되었다.

1899년 들어서도 여전히 동학에 대한 탄압은 계속되었다. 헤아릴 수 없는 교인들은 정부의 탄압으로 목숨을 부지하기도 어려운 상황에 이르렀고, 가산탈취와 유리걸식은로 글자 그대로 간난신고艱難辛苦였다. 손병희 역시 위급한 상황에 처하였다. 관헌의 집요한 추적이 이어지자, 손병희는 손병흠, 이용구, 김학수 등과 함께 경상북도 예천군 용문사龍門寺로 피신하였다. 용문사에 머물고 있던 손병희는, 홍병기로부터 예천군수 이소영李紹榮이 소문을 듣고 군졸을 풀어 손병희 일행을 뒤쫓고 있다는 급보를 받고, 그날 밤을 이용하여 1백여 리나 떨어져 있는 제천 교인 염창석廉昌錫의 집으로 은신하였다. 이곳에 머물면서도 손병희는 비록 어려운 시기지만 교인들에게 수도에 대한 통문을 반포하였다.

일본으로 망명, 근대문명을 수용하다 09

근대문명에 대한 새로운 인식을 갖다

15세기 이후 서구에 대두된 새로운 문화와 사상적 흐름은 유럽을 크게 변화시켰다. 르네상스는 창조적 에너지를 발휘하였고, 종교개혁은 기존 교회의 힘과 전통적인 권위를 약화시켰다. 이로 인해 서구는 지적 변화를 통해 근대사상을 태동시켰다. 뿐만 아니라 17~18세기 들어는 신대륙의 발견으로 동방항로가 개척되었다. 이후 서구의 각 제국들은 아시아로의 진출을 활발하게 전개하였다. 여기에 과학문명의 발달로 서구제국들은 18세기 말과 19세기 초 산업혁명을 겪으면서 해외진출에 더욱 박차를 가하였다. 이른바 근대화가 이루어지고 근대문명이 탄생하였다. 이에 비해 동양은 여전히 전근대적 여운에 머물러 있었다.

사대교린과 쇄국정책으로 굳게 문을 닫고 있던 조선도 1876년 강화도조약을 통해 동아시아 질서에서 벗어나 세계질서에 편입되었다. 이에 따라 당시 정부에서도 문명개화를 추진하였다. 그렇지만 여기에는 성리학적 이데올로기를 고수하고자 하였던 보수유림들은 위정척사를 통해 극렬하게 반대하였다. 그러함에도 불구하고 세계적 흐름은 개방으로 흘러갔다. 이러한 분위기에 편승하여 서구제국은 힘을 앞세워 아프리카와 아메리카, 그리고 아시아 지역에 식민지를 구축하였다.

이와 같은 시기에 조선도 개화를 통해 근대화를 추구하였다. 1894년 동학혁명의 영향을 적지 않게 받은 갑오개혁은 개화의 대표적인 흐름의 상징이었다. 이에 따라 조선도 근대화의 물결이 요동치기 시작하였다. 국내에서는 언론 출판을 통해 근대의식을 불러 일으켰으며, 각종 학회의 조직과 학교의 설립은 근대문명을 더욱 촉진시켰다. 이러한 시대적 흐름은 교단에도 영향을 미쳤다. 그동안 반봉건·반외세를 기치로 하였던 교단은 시대적 흐름에 따라 근대문명을 수용하지 않을 수 없었다.

1901년 1월 손병희는 교단의 새로운 전기를 마련하기 위해 주요 지도부를 불러 모았다. 그 자리에서 손병희는 그동안 국내외 정세에 대해 가지고 있던 생각을 다음과 같이 밝혔다.

"내가 작년에 세계 대세를 살피기 위해 미국에 유람할 뜻이 있어 손천민·김연국과 의논하다가 김연국이 이를 반대하므로 그 뜻을 이루지 못하였다. 그러나 이제 다시 생각하니 우리 도를 세계에 창명코자 한다면 먼저 세계 대세를 살펴야 할 것이다. 나는 이제부터 10년을 한하여 국외를 유람하면서 세계 형편을 살펴보고자 한다. 그대들의 의견은 어떠한가?"

손병희의 의견에 대해 모두가 찬성하였다.

산업혁명 이후 자본주의가 크게 발전한 서구 제국과 미국은 과도하게 생산된 자국 상품의 수출과 자국 내에 축적된 잉여자본의 투자를 위해 적극적인 대외팽창정책을 추진하였다. 즉 제국주의 시대가 형성되었다. 이에 따라 제국주의 국가들은 세계 각지의 후진 지역들을 자국의 식민지로 차지하고자 하는 치열한 식민지 쟁탈전이 전개되었다. 그 결과 20세기 초에 이르면 아프리카와 아시아, 그리고 태평양의 여러 섬들이 대부분 제국주의 열강들에 의해 분할·점령되었다. 조선의 경우도 일본을 비롯하여 미국·영국·러시아·독일 등 제국주의 국가들과 조약을 맺었고, 이들 제국주의 국가들은 조선을 식민지로 만들고자 하였다. 한편 이러한 시기 국내정세 또한 혼란스러웠다. 위정척사파와 개화파 등 다양한 세력들에 의해 국론은 분열되었고, 민중들 역시 곧은 정신을 갖기는 어려웠다.

이와 같은 급격하게 변화하는 국내외 정세와 정부의 탄압에 대응하기 위해 교단의 새로운 대안을 모색해야만 했다. 이에 교단을 이끌고 있던 손병희는 정부의 탄압으로부터 벗어나는 한편 세계의 정세의 흐름을 파악하는 것이 무엇보다도 필요하였던 것이다. 그리고 이를 통해 교단 발전의 계기로 삼고자 하였다.

원산·부산을 거쳐 일본으로 향하다

세계대세를 위한 유람에 나서는 손병희 역시 교인들의 어려운 상황에서 발걸음이 떨어지기란 쉽지 않았다. 더욱이 사사로운 정에 연연할 상황이 아니었다. 그는 세계대세를 살피기 위해 그 대상국으로 미국을 정하였다. 미국은 한때 영국의 식민지였지만 당시 세계 제일의 대국으로 성장하고 있었다. 뿐만 아니라 다양한 세계의 흐름을 파악하기 위해서는 미국이 안성맞춤이었다. 더욱이 동학을 탄압하였던 일본보다는 미국이 활동하기에 더 용이하였다.

1901년 3월 손병희는 미국으로 가기 위해 손병흠과 이용구를 대동하고 원산을 거쳐 부산에 도착하였다. 당시 미국 등 외국으로 가는 방편은 배를 이용하는 것이 가장 편리하였다. 원산과 부산은 제물포조약에 의해 개항하였고, 이미 외국의 상선들이 비교적 자유롭게 드나들고 있었다. 또한 손병희는 동학혁명 이후 최시형의 보살핌을 위한 경비를 마련하기 위해 장사를 한 적이 있었는데, 이때 원산을 거점으로 활동하였다. 이로 인해 원산에 대한 많은 정보를 가지고 있었다. 이외에도 원산은 천주교 선교사 등 외국인의 활동이 다른 개항장보다 활발하였다. 이러한 점은 원산이 다른 개항장보다는 유리하였다.

부산에 도착한 손병희 일행은 미국으로 가는 선편을 알아보았으나 여의치 않았다. 부산에서 미국으로 바로 가는 선편이 없었다. 일단 일본을 거쳐야 가능하였다. 손병희는 먼저 일본 나가사키長崎로 건너가 하루를 묵었다. 다음날 시모노세키下關를 거쳐 오사카大阪에 도착하였다. 손병희는 오사카에 머물면서 손병흠과 이용구를 국내에 보내 미국으로 가는 비용을 마련케 하였다. 그러나 국내에서 돌아온 손병흠과 이용구의 보고를 받은 손병희는 미국으로 가는 것을 포기하였다. 이는 미국까지 갈 여비가 크게 부족하였기 때문이었다. 부득이 손병희는 일본에 머물면서 국제정세를 파악할 수밖에 없었다.

오사카에 머물고 있던 어느 날, 고종의 친애를 받고 있으며 평양진위 4대 대대장으로 있던 이창구李昌九가 손병희의 동향을 파악하고 교인 조동원趙東元을 통해 귀국할 것을 종용하였다. 그러나 손병희는 이를 거절하고 오히려 오사카를 떠나 중국 상하이上海로 향하였다. 왜냐하면 손병희는 정부의 수배로부터 자유로울 수가 없었으며, 만약 칙령으로 부른다면 그 칙령을 어기기 어려웠기 때문이었다. 그러나 무엇보다도 이창구의 서신을 그대로 믿을 수가 없었기 때문이었다. 당시 이창구는 고종의 측근으로서 간신으로 알려져 있기도 하였다. 그리고 상하이로 간 것은 그곳이 국제도시로 국제정세를 파악하기 용이하였을 뿐만 아니라 은신하는 한편 활동하기도 적당하였기 때문이었다.

손병흠과 함께 상하이에 도착한 손병희는 황포강변에 있는 국제반점에 머물면서 미국으로 가는 선편을 알아보았다. 이와 동시에 중국의 혁명가로 널리 알려진 쑨원孫文과 교류하였다.

쑨원을 만나다

손병희는 상하이에 머물면서 쑨원 등 중국의 정객들과 교류하였는데, 유명한 일화를 남기기도 하였다.

당시는 중국혁명의 지도자이며 삼민주의를 주장하였던 쑨원이 앞으로 결행할 혁명의 구국동지를 규합하기 위해 분주하고 있었을 때이다. 어느 날, 쑨원은 중국 각지에 흩어져 있는 애국지사를 초빙하여 손병희가 머물고 있던 국제반점에서 연회를 개최하였다. 이 소식을 들은 손병

쑨원

희는 동병상련의 마음으로 중국 정객들의 혁명방략에 대한 정보를 조금이라도 들어보기 위해 불청객으로 말석에 참석하였다. 이 자리에는 당대 중국의 최고 인물이었던 위안스카이袁世凱, 왕자오밍王兆銘, 량치차오梁啓超 등 50여 명이 참석하였다.

이윽고 연회가 베풀어지고, 식사 때가 되었다. 그런데 시가 메뉴는 별다른 것이 아니라 삶은 돼지다리와 호주胡酒를 듬뿍 담은 술잔이었다. 그리고 그 사이에 식칼과 새우젓이 놓였으며, 각자에게는 돼지고기를 덜어먹을 수 있는 접시 하나뿐이었다. 쑨원은 좌중을 향하여 다음과 같이 인사말을 하였다.

"여러분들이 불원천리하고 이처럼 왕림해주셔서 대단히 감사합니다. 변변치 않지만 한 잔씩 드시면서 국난타개에 대한 방안을 기탄없이 말씀해 주시기 바랍니다."

그리고 자리에 앉으면서 식사를 권하였다. 참석자들은 쑨원이 초대한 연회라 산해진미가 가득한 만찬으로 여겼는데, 달랑 삶은 돼지다리밖에 없어 여간 실망하는 모습이 아니었다.

손병희는 이 기회를 놓치지 않고 멋진 기지氣志를 발휘하였다. 손병희는 옷소매를 걷어붙이고 술 한 바가지를 듬뿍 떠서 쭉 들이마시고 식칼을 번쩍 들어 돼지고기 한 점을 썩 베어 새우젓에 푹 찍어 입으로 가져갔다. 이러기를 세 번 정도 거듭하려고 할 때 쑨원이 달려와 손병희의 손을 굳게 잡고 인사를 나누었다. 그러고 나서 좌중을 향하여 다음과 같이 말하였다.

"여러분, 여러분들은 우리나라에서 영웅호걸로 자부하는 분들이 아닙니까? 그런 여러분들이 삶은 돼지다리와 술 그릇을 앞에 놓고 감히 어찌할 바를 모르고 유약한 모습을 보인다면 어떻게 조수와 같이 밀어닥치는 외세를 물리치고 6만 리 강산을 만년의 반석 위에 올려놓으며, 4억의 동포를 구출하는 혁명대업의 영도자가 되며 선봉장이 되겠소. 과연 흥국제민興國濟民하고 치국평천하治國平天下할 영웅은 조선에서 온 손병희 선생뿐이오. 우리 다 같이 손 선생의 기백과 용기를 배웁시다."

이 말을 들은 참석자들은 일제히 일어나서 손병희에게 경의를 표하였다. 이 일화는 실제 손병희가 직접 겪은 실화였다. 1906년 일본에서 환국한 후 교중 원로들이 모인 자리에서 당시에 겪은 일을 종종 이야기 하였다고 한다.

권동진과 오세창을 만나다.

손병희는 1901년 5월경 정부의 귀환 칙령을 피하기 위해 오사카를 떠나 상하이에 잠시 머물렀다. 그러나 상하이에는 오래 머물지 않고 이내 일본으로 다시 돌아왔다. 아마도 6월경으로 추정된다. 일본에 다시 온 손병희는 '이상헌李祥憲'이라는 이름으로 활동하였다. 그리고 이 시기에

권동진과 오세창

당시 국사범으로 일본에 망명하였던 권동진權東鎭, 오세창吳世昌, 조희연趙羲淵, 이진호李軫鎬, 조희문趙羲聞, 박영효朴泳孝 등과 교류하면서 세계정세를 논하는 한편 근대문명에 대해서도 서로의 생각을 주고받았다. 이들 중 권동진은 1895년 12월 국사범이라는 죄명으로 동지들과 함께 일본으로 망명하였다. 권동진은 손병희와의 만남을 다음과 같이 회고하고 있다.

일본에 있을 때 지방 만유漫遊를 하는 중에 대판大阪에서 이상헌李祥憲, 손병희의 변명 씨를 신축년辛丑年(1901년)에 천응성千應聖의 소개로 처음 만났습니다. 그는 갑오년甲午年에 일대 혁명운동革命運動을 일으킨 동학당東學

黨의 거두인 만큼 일견一見에 비범한 인물인 것을 알게 되었습니다.

권동진과 오세창은 손병희의 포부와 인품에 크게 감동을 받고 천도교에 입교하였다. 그 후 천도교중앙총부의 핵심 요직을 두루 역임하였고, 3·1운동 민족대표 33인으로 참여하였다. 한편 조희문과 조희연, 이진호도 천도교에 입교하였으나 후일 그만두었고 조선총독부 관리로 활동하면서 친일의 길을 걸었다.

일본에서 망명생활을 하던 손병희는 일본의 근대화에 적지 않은 관심을 보였다. 그 관심 중에는 무엇보다도 교육이었다. 즉 손병희는 '도가의 자제에게 근대화된 문명교육을 배우게 하는 것은 국가 장래에 크게 유익하다'고 인식하였다. 손병희는 교육의 중요성을 인식하는 데만 머물지 않고 손병흠에게 국내로 돌아가 주요 두목들에게 이를 잘 설명하도록 하였다. 이해 9월 손병흠이 돌아와 교중에서 모두 찬성한다고 보고하였다. 이 소식을 들은 손병희는 손병흠과 함께 상하이를 떠나 원산을 거쳐 귀국하였다.

1901년 10월경 원산을 통해 서울로 돌아온 손병희는 거처를 마포 서강西江으로 정하였다. 이후 손병희는 포교에 주력하였는데, 박인호를 비롯하여 김병배 등 유력한 두목들을 관서關西 지역으로 파견하였다. 그 결과 황해도와 관서지역에 동학의 교세가 크게 일어났다. 불과 3개월 동안에 2백여 포包가 새로 조직되었고, "집집마다 동학이요, 사람마다 주문소리라"할 만큼 동학의 교세가 확장되었다.

10 러일전쟁에 대비하다

일본에 유학생 파견하다

일본과 중국을 거쳐 국내에서 활동하던 손병희는 1902년 3월 다시 일본으로 돌아갔다. 이때 손병희는 천도교인의 자제로 구성된 유학생을 함께 데리고 일본 나라奈郞로 갔다. 교단으로서는 처음으로 유학생을 파견한 것이다. 당시 일본에 유학생을 파견하는 것은 시대적 조류이기도 하였다.

우리나라에서 일본에 유학생을 처음으로 파견한 것은 1881년이었다. 당시는 임오군란으로 대원군의 섭정이 막을 내리고 고종이 친정을 하던 시기였다. 고종의 친정으로 그동안 유지되었던 쇄국정책은 개화정책으로 전환되었다. 그리고 개화정책의 일환으로 해외에 유학생을 파견하기 시작하였다. 일본 유학생은 1881년 조사시찰단의 일원으로 갔던 유길준俞吉濬과 유정수柳定秀가 경응의숙慶應義塾에 입학한 것이 효시였다. 이후 1895년 제1회 관비유학생을 2백여 명, 1899년 제2회 관비유학생

44명이 경응의숙에 입학하였다. 관비유학생이 경응의숙에 입학한 것은 당시 한국정부와 경응의숙 사이에 '유학생 위탁 계약'이 이루어졌기 때문이었다.

이처럼 한말에는 근대화 내지 문명화를 위한 일본 유학생 파견이 적지 않았다. 손병희 역시 일본과 중국의 근대화를 직접 목격한 후 근대에 대한 인식을 수용하였던 것이다. 이는 그동안 '반제국'이라는 인식으로 제국주의에 반대하였지만 근대화된 현실을 직접 목격한 후 서구열강의 발전된 문명을 수용하는 계기가 되었다. 그렇다고 서구열강의 제국주의를 그대로 수용하는 것은 아니었다. 손병희의 인식 전환은 동도서기東道西器였다. 즉 동학의 가치관을 유지하고 근대화된 서구문명을 수용하는 것이다. 이를 통해 조선의 근대화, 나아가서는 근대국민국가를 도모하고자 하였던 것이다. 이는 후일 동학을 근대적 종교인 천도교로 전환한 것과 같은 맥락이라고 할 수 있다.

손병희는 1901년 일본에 머무르던 중 손병흠으로 하여금 교중에 일본 유학생 파견에 대해 의견을 나눈 적이 있었다. 이러한 구상은 1902년 3월에 실행으로 옮긴 것이다. 손병희의 둘째 사위인 정광조鄭廣朝와 오상준吳尙俊 등을 포함한 유학생 24명은 나라에서 6개월 동안 일본어 공부를 하였다. 그리고 6개월 후인 9월경에 교토京都로 거처를 옮긴 후 관립 교토중학교京都中學校에 입학시켰다. 이때 일본에서 유학한 정광조와 오상준은 1905년 중앙총부 설치 이후 주요 교역자로 활동하였다. 정광조와 오상준 뿐만 아니라 이름을 확인할 수 는 없지만 함께 유학하였던 유학생도 교단에서 중요한 활동을 하였을 것으로 보인다.

러일전쟁에 대비하다

1903년 들어 러일전쟁이 곧 일어날 것처럼 국제정세가 급박하게 돌아갔다. 손병희는 이 기회를 계기로 '국가의 일 또한 교중의 일이니, 내 이 전쟁을 틈타 국가안전의 계책을 도모하고 동학의 현명顯名의 기회로 삼으리라'고 마음을 다졌다. 그리고 일본에서 교류하고 있던 인사들과 러일전쟁이 일어나면 그 결과가 어떻게 될 것인가에 대해 논의하기도 하였다.

당시 손병희는 권동진, 오세창, 박영효 등과 함께 러일전쟁에 대해서 논의한 바 있는데, 『천도교창건사』에 다음과 같이 전하고 있다.

> 러시아와 일본의 전쟁은 곧 만주와 한반도의 전쟁이다. 일본이 이기면 한국이 일본에 지배할 것이고, 러시아가 승리하면 한국은 러시아의 지배를 받게 되는 것은 명약관화明若觀火한 일이다. 만일 한국 정부가 이때에 있어 공수방관拱手傍觀한다면 한국의 멸망은 풍전등화風前燈火와 같다. 만일 내가 현재 한국 정부의 요직에 있다고 가정한다면 계책이 반드시 없지 않다. 그것이 무엇이냐 하면, 만일 러시아와 일본이 전쟁을 한다면 일본과 러시아 둘 중 어느 나라가 이길 것인가를 잘 알아야 할 것이다. 그것을 적중한 다음에는 반드시 승리하는 편에 가담하여 공동으로 출병하여 전승국의 지위를 얻어야 될 것이다. 그 지위를 얻은 뒤에는 강화조약에 전승국의 지위를 이용하여 국가 만전의 조약을 얻어야 한다. 이는 천고에 만나지 못할 기회이다.

그런데 나의 생각으로 말하면 일본이 승리하고 러시아가 패배할 것을 미리 점칠 수 있다. 첫째는 지리상 관계에서 러시아가 불리한 것은 다시 말할 필요가 없으며, 둘째는 러시아의 개전 목적은 멀리 떨어진 곳에서 부동항不凍港을 얻는데 야심을 가지고 있음에 불과하므로 전쟁에 대한 정신적 동기가 심히 박약하다. 하지만 일본으로 말하면 생명을 걸고 하는 전쟁이므로 그 정신적 동기는 강하다. 따라서 이러한 전쟁에 대한 인식의 차이점이 승패의 분기점이 될 것이다. 셋째는 군략軍略과 병기兵器 문제이다. 지금 일본은 어느덧 청일전쟁 당시와 달라서 독일의 정예의 기술을 배운 바 많다. 이 역시 경시하지 못할 것이다. 그럼으로 한국의 형편으로 말하면 반드시 러시아와 전쟁하여 전승국의 지위를 획득하는 것이 최상의 계책이 될 것이다.

그러나 지금의 한국 정부의 관리들을 말하자면 다 같이 친러파요, 고종 또한 러시아 공사관에서 보신으로 유지하고 있으니, 누가 능히 꿈에라도 이러한 생각과 용기를 가진 사람이 있겠는가. 그럼으로 내가 이제부터 도인道人의 힘으로써 러시아를 물리치고 러일전쟁에서 참전하여 국가 만전의 계책을 세우고자 하나 일본의 군사 당국과 뜻이 맞지 않으면 안될 것이다. 어떤 사람이 가장 이 일에 적당할까.

이에 대해 권동진과 조희연은 일본 참모총장 다무라田村와 더불어 논의할 것을 권유하였다. 손병희는 권동진에게 다무라와 교섭할 것을 일임하였고, 다무라 역시 손병희의 계책에 찬성하였다. 손병희는 다무라를 만나는 자리에서 보다 구체적인 계책을 다음과 같이 제시하였다.

"일본 군대로 하여금 상인으로 가장한 후 비밀리에 한국의 각지의 항구로 들어가게 하고, 우리 교인은 이에 응하여 서울로 바로 들어가면 친러파를 가히 제거할 수 있을 것이요. 친러파가 붕괴되면 러시아 세력은 반드시 고립될 것이다. 이때 우리 교인 수십만 명과 함께 러시아 군대를 공격하면 러시아는 반드시 패할 것이니 동양평화의 계책이 이보다 더 좋은 방법이 없을 것이다."

다무라는 손병희의 계책에 찬성하였다. 손병희와 다무라는 한국 정부의 개혁과 러시아와의 전쟁에 한국에서도 공동출병하기로 굳게 다짐하였다. 손병희는 즉시 손병흠을 국내로 보내면서 주의를 주었다.

"한편으로는 교인들에게 계책의 뜻을 잘 설명하고, 다른 한편으로는 그 준비에 착수케 하라. 일본 군대가 비밀리에 떠나면 내가 다시 급히 알려줄 것이니 이번의 좋은 기회를 잃지 말라."

손병흠은 귀국하여 국내의 주요 지도자를 모아 손병희의 계책을 설명하였다. 그리고 다시 일본으로 돌아가던 중 8월 3일 부산에서 병으로 급서하였다. 이어 손병희는 8월 5일 다무라도 급사했다는 전문을 받았다. 손병희는 동생을 잃는 아픔도 있었지만 자신의 계책을 제대로 실현해 보지도 못한 채 사라져버려 더 큰 슬픔에 잠겼다. 손병희는 '대사는 갔구나' 하고 탄식을 하며 3일 동안 식음을 전폐하였다.

러일전쟁 일어나다

러일전쟁은 러시아의 남하정책과 일본의 대륙정책이 교차되는 만주와 한국을 둘러싸고 일어난 양국의 충돌이다. 러시아는 부동항을 얻기 위한 동진정책을 취했는데, 의화단사건으로 1901년 북경조약을 통해 중국으로부터 연해주를 할양받다. 그럼에도 불구하고 한반도에 대한 영토 확장의 야욕을 가지고 있었다. 이에 따라 러시아는 1903년 4월 군대를 파견하여 용암포를 점령하였다. 용암포는 평안북도 용천군 압록강 하구에 있는 포구이다. 러시아는 이 지역에 대해 조차지 설치와 포대 구축 및 주변지역의 삼림채벌권을 요구하였다. 이는 러시아의 불법침략이었다. 이로 인해 러시아는 침략국으로 인식되어 적지 않은 저항을 받았다.

이와 같은 러시아의 침략행위에 일본도 적극 대응하였다. 일본은 1873년 정한론征韓論이 제기된 이후 꾸준히 한국을 식민지로 만들기 위해 여러 가지 방안을 마련하였다. 1876년 운요호사건을 일으켰으며 이듬해 강화도조약을 맺음으로써 일제의 한국 침략은 본격화되었다. 강화도조약은 우리나라에서 맺은 최초의 근대적 조약이었지만 불평등한 조약이기도 하였다.

러시아의 용암포점령사건이 일어나자 일본 내각은 러시아를 상대로 협상을 벌이되 다음과 같은 원칙을 마련하였다.

첫째, 러시아가 약속을 위배하고 만주 특히 요동으로부터 철병하지 않을 때는 여러 해 동안 해결하지 못한 한국 문제를 이 기회를 이용하여 해결한다. 둘째, 이 문제를 해결하면서 우선 한국은 비록 그 일부일지라도 여하한 사정을 막론하고 러시아에 양여하지 않는다. 셋째, 이에 반해 만주에서는 러시아가 이미 우세한 지위에 있어 다소 양보한다.

러일전쟁 중의 피해 선박

이 원칙에 의하면, 당시 한국은 자력으로 독립국을 유지하는 데는 한계에 이르렀음을 알 수 있다. 즉 일제의 내정간섭이 이미 한국을 지배하고 있었다.

이와 같은 상황에서 국내에서도 러일전쟁이 일어날 것이라고 인식이 팽배하였다. 손병희도 마찬가지였다. 당시 러일전쟁이 일어날 것이라고 인식한 배경은 다음과 같았다.

첫째는 일본이 청일전쟁에서 승리하였으나 러시아를 주축으로 한 독일과 프랑스 등 삼국간섭에 의해 요동반도 점령이 좌절된 것에 대한 적대감, 둘째 러시아군의 만주 주둔에 대한 열강의 철병요구에 대한 러시아의 불이행, 셋째 만주와 한반도, 그리고 일본 사이의 지정학적 긴밀성과 이로 인한 일본의 안전을 위한 만주 문제의 중요성, 넷째 일본의 경제적 기반을 위한 자국의 이익 도모였다. 따라서 러시아와 일본의 전쟁은 피할 수 없게 되었다.

1904년 들어 러시아와 일본의 협상이 진전이 없자 전쟁이 불가피하였다. 이해 1월 하순 러시아는 만주와 그 연안에 군사시설을 확충하고 압록강 일대를 계속 위협하였다. 이에 일본은 2월 4일 러시아와 전쟁을 결의하고 6일에는 국교 단절을 통보하였다. 그리고 마침내 10일 러시아에 선전포고를 하였다.

이와 같은 국가의 위기적 상황에서 손병희는 조국을 독립국으로서의 위상을 확보하기 위해 분주하였다. 무엇보다도 중요한 것은 러시아와 일본의 동향을 파악하는 것이었다. 이를 위해 손병희는 교토에서 도쿄東京로 거처를 옮겼다. 도쿄는 정치와 행정뿐만 아니라 외교의 중심지였다. 즉 러시아와 일본의 동향을 보다 빨리 그리고 정확하게 파악하기 위해서는 도쿄는 교토보다 유리하였기 때문이었다.

이러한 시기 국내에서는 동학의 포덕이 크게 활성화되었다. 특히 관서와 관북지역은 '집집마다 동학이요家家東學 사람마다 주문人人呪文'일 정도로 성세를 이루었다. 그렇지만 동학에 대한 정부의 탄압은 점차 심해졌다. 정부의 탄압이 재연되자 손병희는 이용구를 귀국시켜 교단 조직을 안정화시키는 한편 삼전三戰을 강조하여 후일을 대비하기 위한 다음과 같은 경통을 발표하였다.

근고하는 여러분에게 고하오니 도의 실리를 생각건대 반드시 알 것이므로 별로 말할 것이 없으나 옛적으로 말하면 성현의 맥락이 서로 연속함은 마음에 맞는 것이니라. …… 모든 두령은 각기 제익諸益으로 더불어 부지런히 힘써서 한마음 되기를 도모하되 빈부 간에는 일에 힘써 몸을 부지런히 움직여 서로 정성을 다하면 어찌 감응하는 덕이 없으며 어찌 노력의 대가가 없으리오. 군자의 도에 재물로써 그 뜻을 일으켜 성현의 가르침에 이용후생利用厚生하는 것이 가장 귀함을 의심없이 크게 깨닫게 하소서. ……

지금 천하의 대세가 삼전三戰에 있으니, 첫째는 도전道戰이요, 둘째는 재전財戰이요, 셋째는 언전言戰이라. 도전이라는 것은 나라에는 각각 중심이 되는 가르침이 있어 만민을 화육하며 그 덕을 펴서 그 마음에 따르게 함이며, 재전이라는 것은 사람이 발달하여 흥업을 권리로 하며 농상을 통리로 하여 나라가 부유해지고 백성이 강해지는 계책이요. 언전이라는 것은 일에 따라 협상하여 사리를 말하며 경계를 통하는 것이어늘, 우리나라 조선의 형편을 보니 마치 우물 안에 앉아 하늘을 보고 캄캄한 밤중에 처한 것 같아 개명開明은 고사하고 병이 골수에 들어 거의 방휼지세蚌鷸之勢에 이른지라. 창생이 다 도탄 중에 들었으니 계책이 장차 어디에서 나올까. 생각건대 여러분은 믿음으로 정성을 다하여 위로는 국가의 대보를 돕고, 아래로는 중생의 질병을 구제하여 우리 도의 대의를 빛나게 할 것을 천만바라오니 널리 양해하소서.

「비정혁신안」을 제출하다 11

조직의 변화를 꾀하다

1901년부터 서북지역을 중심으로 포덕이 크게 늘어나고 교세가 확장됨에 따라 교단은 새로운 변화를 꾀하게 되었다. 동학교단의 조직의 효시는 수운 최제우 당시의 접주제였다. 이후 해월 최시형은 육임제와 대접주의 포접제로 발전시켰다. 그러나 1901년부터 크게 늘어난 교세를 유지하기 위해서는 기존의 조직의 변화는 불가피하였다. 이에 손병희는 교단의 조직체계를 정비하였다. 손병희는 1903년 4월경 경통敬通을 통해 조직체계 정비의 필요성을 밝혔다.

무릇 우리 도의 각 지도자頭日는 오랫동안 근고勤苦한 끝에 다만 접주接主로서 칭할 뿐이더니, 지금에 이르러서는 사세事勢가 차례를 정하는 제도로 나아가지 않으면 아니 되는 고로 10만 명의 장자長者로터 1만 명의 장자長者에 이르기까지 단연코 호칭의 구별이 없지 못할 것이므로 비로소

네 글자의 호칭을 주니 이 어찌 지공정대한 일이 아니겠는가? ……
감화感和하고 흥작興作하는 일은 포양襃揚하는데 있으니, 1만 명의 장자長者거 5만 명의 장자에 올라가고, 5만 명의 장자가 10만 명의 장자에 오름은 그 덕을 정성되게 하고 그 지위를 포상하는 것이다. 이와 같이 하면 사람의 돌아갈 바는 덕에 있다는 것을 의심없이 보게 될 것이요, 이것이 공평하고 정직한 큰 정사가 아니겠는가? 그러므로 각각 그 대두령 명칭의 첩지와 도서부절圖署符節의 법식을 아래와 같이 한다. ……

수청대령水淸大領 십만지장十萬之長 구방도서九方圖署

해명대령海明大領 오만지장五萬之長 팔방도서八方圖署

의창대령義昌大領 만원지장萬員之長 오방도서五方圖署

지난 시대에는 '접주'라는 호칭으로만 통하였지만 개화의 시대를 맞아서는 이에 맞는 조직이 필요하였다. 이에 따라 옛 조직을 과감하게 철폐하고 시대에 적합한 조직으로 개편하였다. 이는 서북지역을 중심으로 포덕이 크게 확장되어 교세가 그만큼 커졌기 때문이기도 하였다. 이러한 점에서 본다면 교단의 조직정비는 자연스러운 현상이었다.

새로운 교단의 조직은 수청대령, 해명대령, 의창대령으로 편제되었다. 수청은 운運 즉 천도의 한 번 맑은 것을 밝히는 것으로 최제우의 정력을, 해명은 천도의 밝은 것을 분별하는 것으로 최시형의 정력을, 그리고 의창은 손병희의 정력을 의미하였다. 이는 수청대령 – 해명대령 – 의창대령으로 이어지는 위계를 정립하는 것이라 할 수 있다. 이외에도 105인 이상을 접주, 5백 인 이상을 수접주, 1천 인 이상을 대접주로 정비하였다.

이와 같은 조직정비에 따라 수청대령에는 이만식李萬植, 해명대령에는 박용구朴永九와 문학수文學洙, 의창대령에는 이겸수李謙洙와 나인협羅仁協을 각각 임명하였다. 이만식은 이용구李容九로 동학혁명 당시 손병희의 우익으로 활동하였고, 특히 1900년대 초에 황해도 지역에서 교세를 크게 신장시켰다. 그러나 갑진개화운동을 위해 조직된 진보회를 친일단체인 일진회와 통합, 친일행위를 일삼다가 출교를 당한 후 시천교를 설립하였다.

이처럼 1903년 들어 교단은 새로운 전환기를 맞았던 것이다. 이러한 교단의 조직정비는 이듬해 전개된 갑진개화운동을 준비하기 위한 방략이기도 하였다.

일본에서 봉변당하다

손병희는 일본에 머물면서 러시아와 일본이 곧 전쟁할 것이라고 예상하였다. 그리고 이 전쟁에서 반드시 일본이 승리한다고 판단하였다. 이에 손병희는 일본 참모총장 다무라와 시국을 논의하기도 하였다. 그러나 다무라가 갑자기 죽는 바람에 일이 제대로 성사되지 못하였다. 이 과정에서 손병희는 일본 정부에 군자금으로 1만 원을 후원한 바 있었다. 그런데 손병희의 이와 같은 행위가 일반에게도 알려져 봉변을 당하게 되었다.

어느 날 손병희가 도쿄 우에노上野 공원을 산책할 때였다. 갑자기 일본에 유학 온 학생이 손병희를 향해 '매국노'라고 하면서 칼로 위협하였다. 갑자기 당황한 손병희는 그 상황에서도 차분하게 대응하였다. 계속되는 위협에 손병희는 우선 학생을 설득할 필요가 있다고 판단하였다. 손병희는 학생에게 나직한 말로 상황을 설명하였다.

"나는 우리나라 형편이 일본으로 하여금 러시아의 침략을 막게 해야 할 때라고 보며, 한국 정신을 가지고 일본 내정을 탐지할 수도 있고, 매수할 수도 있다. 이는 겉으로는 일본을 위하는 것 같으나 실상 그 내용은 반러반일이라고 할 수 있네."

그러면서 손병희는 국내외 정세와 그동안 있었던 일을 설명하면서 학생을 설득하였다. 이에 학생은 손병희의 본뜻에 감복하여 사제의 의를 맺었다.

이밖에도 손병희는 일본에서 망명생활 중 많은 일화를 남기고 있다.

손병희가 도쿄에서 권동진, 오세창, 조희연 등 국사범과 교유할 때였다. 손병희는 일본 정부의 요인과 교류하기 위해 명함을 만들어 돌린 적이 있었다. 그런데 이들로부터 전혀 반응이 없었다. 이에 손병희는 이전에 교류하였던 하세가와長谷川好道를 만나 그 내용을 물었더니, "먼저 대신들이 알아줄만한 누구라는 명성이 있어야 한다"고 충고를 해주었다. 하세가와는 훗날 조선군사령관과 조선총독으로 부임할 정도로 일본에서는 정치적으로 영향이 있는 인물이었다.

이 말을 들은 손병희는 호화로운 쌍두마차를 구입하여 궁성 부근과 도쿄 시내를 일부러 매일같이 돌아다녔다. 그리고 자신은 한국인 정객 '이상헌李祥憲'이라고 소문을 퍼뜨렸다. 이때부터 손병희는 이상헌으로 알려지게 되었다. 이러한 손병희의 모습은 한국인의 위상을 높이는 한편 일본 정객과 교류를 하기 위한 것이었다.

하루는 이 소문을 들은 이토 히로부미伊藤博文는 '이상헌이란 정객이 누구인지는 몰라도 큰 인물이 틀림없구나'라고 생각하고 사람을 시켜 손병희를 초대하였다.

서로 마주한 손병희와 이토 히로부미는 인사를 마친 후 시국에 관한 이야기를 주고받았다. 그리고 나서 술을 나누었다. 시간이 지나고 술이 몇 순배 돌았다. 이토는 술에 취해 먼저 자리에 누웠

이토 히로부미

지만 손병희는 혼자 술을 더 청하여 마시고 유유히 자리를 털고 일어났다. 술이 깬 이토는 하녀에게 그 사실을 듣고 감탄하였다.

'동양에서 내가 영웅인줄 알았는데, 나보다 나은 사람이 조선에 있구나.'

또 어느날 손병희가 자동차를 타고 도쿄 시내를 달리고 있을 때였다. 마침 영친왕의 행차를 만나게 되었다. 손병희가 자동차에서 내려 의친왕에게 경의를 표하였다. 그런데 한국인 시종이 내려와 영어로 무어라고 말하였다. 이를 본 손병희는 그 시종을 노려보며 큰 소리로 국왕을 모시면서 외국말을 한다고 훈계하였다. 이 소리를 들은 의친왕은 급히 차에서 내려 손병희의 손을 잡으며 시종의 잘못을 인정하였다. 손병희

는 조용히 고개를 숙이며 경의를 표하였다. 이 일이 있은 후 영친왕 이강李堈은 손병희를 만나 시국을 논하였다. 이강은 손병희의 포부와 경륜에 감복하여 훗날 천도교에 입교하였다.

이와 같은 일화는 손병희의 의기와 인품을 잘 보여주고 있다.

의정대신에 「비정혁신안」을 보내다

1900년대는 이른바 한말로 불린다. 이 시기는 국내외적으로 매우 격동적인 시기였다. 국외적으로는 영일동맹의 체결, 러시아와 일본이 곧 전쟁으로 치닫는 상황이었으며, 국내적으로는 이상재 등 개혁당 사건, 서울 미곡상 납세거부, 용암포사건, 한일의정서 체결과 일제 침략의 노골화 등으로 혼란을 겪고 있었다.

이처럼 국내외적 국가가 어려움에 직면하자 손병희는 1904년 3월 정부의 의정대신과 법부대신에게 각각 시국에 대처할 「비정혁신안」을 제출하였다. 「비정혁신안」을 제출할 당시 손병희는 일본에 머물고 있었기 때문에 '동영유손모東瀛留孫某'라는 호칭을 사용하였다. 손병희가 「비정혁신안」을 제출하게 된 직접적인 배경은 이해 2월 23일 일제에 의해 강제로 맺은 '한일의정서韓日議定書' 때문이었다. 일제는 한일의정서를 체결함으로써 한국을 식민지화 하는데 그 마각을 드러내었다.

이와 같이 국가가 풍전등화와 같은 위기에 처하자 손병희는 일제의 간교함을 파악하고 한국 정부의 개혁을 요구하는 「비정혁신안」을 제출하였다.

우리나라 형편을 보건데, 안으로는 실력이 없고 밖으로는 강적이 많아 이웃나라 사귈 계책이 없으니, 우리나라 강토를 장차 어떻게 안보할 수 있겠습니까? 실로 통곡할 일입니다. 지금 일본과 러시아가 서로 싸움을 하려는 때에 우리나라는 두 적이 접전하는 사이에 있는지라 삼키고 덮치려는 형세가 생각건대 두려운 일입니다.

지금 우리 서울은 한 쪽의 성도 변변치 못하고 대포 한 방도 없지만 2천만의 피 끓는 마음을 굳게 모아 성을 의지하고 2천만의 주먹을 휘둘러 병기로 대응하면 강적이 아무리 사나워도 어찌 능히 우리 의리 있는 사람을 해할 수 있겠습니까? 지금 어려운 때를 당하여 임금과 백성이 서로 떠나고 위아래가 서로 등졌으니, 만약 윤리가 상하면 보국안민할 계책이 어디서 나오겠습니까?

무릇 독립이란 주권이 정부에 있고 힘은 인민에 있는 것입니다. 일을 하는 것은 주권에 있고 일을 이루는 것은 힘에 있으니, 이러므로 백성을 얻어서 이로운 것과 백성을 잃어서 해로운 것을 말씀드리겠습니다.

우리나라 형편에 있어서는 일이 박두하여 위태롭기가 꼭 엷은 얼음을 밟는 것과 같으니 아무리 직설 같은 사람이 조정에 있어 요순의 정치를 다시 한다 해도 갑자기 부흥하기 어려울 것입니다. 이것은 다음에 미루고 눈앞에 시급한 것이 있으니 재정財政·도정道政·언정言政입니다. 지금 세계 전쟁의 근인이 이 세 가지에 있으니 세계에 지각있는 사람은 이 시대를 평하여 '삼전세계三戰世界'라 합니다. 첫째 재정이란 하늘이 준 보배로운 물화이며 살아있는 백성의 이용이라 어찌 중대하다 하지 않으리오. 그러므로 장차 천하를 얻으려고 하면 먼저 국가에서 재정에 힘쓰는 것이니 지혜로운 인물을 구하는 것은 고금의 제일 규범입니다. …… 둘째 도정이란 주교의 이름이니, 화민성속化民成俗의 정책입니다. 나라에 주교가 없어 백성이 성품을 거느리지 못하고 각자위심하므로 정법이 시행되지 아니 하나니, 이러므로 고금에 나라에 도가 없이 흥성한 나라가 없는 것입니다. …… 셋째 언정이란 지금 만국이 교류하는 이때에 외교가 또한 없지 않을 것이니 무릇 교제하는 마당에 일이 없지 않을 것이요. 일이 있는 곳에 이해득실이 없지 않을 것이요.

의정대신에게 보낸 「비정혁신안」은 러시아와 일본 양국의 전쟁에서 어느 쪽이 승리하더라도 우리나라의 독립을 보존하기 어려우므로 전 민족이 단결하여 위기를 극복할 수 있는 계책을 세워야 한다는 것을 강조하였다. 그리고 그 대안으로 재정財政·도정道政·언정言政의 삼정론三政論을 제시하였다. 이는 손병희의 삼전론을 바탕으로 한 것이다.

뿐만 아니라 손병희는 법부대신에게도 정부의 개혁을 담은 「비정혁신안」을 제출하였다. 법부대신에게 보낸 「비정혁신안」은 한 마디로 정부대신들이 정신을 차리어 백성을 뜻을 모으고 이를 수용한다면 독립의 길이 열린다는 주장이다. 그리고 그 해결책으로는 민회民會를 설립하여 국론을 모아 외적에 대항할 것을 제시하였다.

이와 같은 의정대신과 법부대신에게 보낸 「비정혁신안」을 통해 당시 손병희의 시대를 앞서가는 비전을 확인할 수 있을 뿐만 아니라 당시 진정한 보국안민의 계책이었던 것이다.

흑의단발로 근대문명운동을 전개하다 12

일본 요시찰 인물로 파악하다

한말 일제가 한국을 식민지로 만들기 위해 침략행위를 하는 동안 국내에는 다양한 사건들이 있었다. 때로는 국가의 존망이 걸려있기도 하였다. 격동의 시기였다. 1884년의 갑신정변, 1894년의 동학혁명과 갑오개혁, 1895년의 명성황후 시해사건, 1896년 고종의 아관파천, 그리고 을사늑약 등으로 많은 정치인들이 일본으로 망명을 하였다. 일제는 한국의 정치적 영향력 확대와 한국 지배를 강화하는 일련의 과정에서 망명자의 행적 또는 동향을 파악하기 위해 경찰력을 동원하였다. 역설적이지만 이를 통해 당시 일본에 망명해 있던 한국인의 실태를 보다 세밀하게 추적할 수 있다. 손병희의 동향 역시 이를 통해 확인할 수 있다.

그렇다면 일제는 언제부터 손병희에 대한 정보를 정탐하였을까? 현재 남겨진 사료로는 명확하게 언제라고 밝히기는 어렵다. 왜냐하면 손병희는 일본에 망명하면서 본명을 사용하지 않고 이명異名을 사용하였기 때문이다. 이상헌李祥憲, 이규완李圭完, 손시병孫時秉 등의 이름을 사용하였다. 일제는 손병희 외에도 일본에 정치적으로 망명한 사람을 정탐하였다. 손병희와 교류하였던 권동진, 오세창, 박영효 등 대부분이 일제의 손아귀에서 벗어나지 못하고 일상생활 하나하나 파악 당하였다.

이상헌이란 이름으로 첫 정탐을 당한 것은 1902년이었다. 효고현兵庫縣 지사 복부일삼服部一三의 보고에 의하면 일본에서의 첫 동정은 다음과 같다.

> 한국인 이상헌(49세), 동생 구중九仲(36세), 민기호関岐鎬(29세) 3명은 지난 8월 29일 오후 6시 40분 고베神戸역에 도착하는 열차로 나라奈良로 와서 신해안통神海岸通 3정목丁目 여관 후등승장後藤勝藏의 집에 투숙하였다. 이날 오전 10시 출발하는 기선 신호환神戸丸에 편승하여 상해上海에서 출발한 이들은 마침내 나라시에 체재 중 앞으로 상해에서 견포상絹布商을 경영할 목적이라고 하고 있으나 그 말과 거동이 약간 애매한 점으로 보아 다른 목적이 있을 것으로 보이나 이곳에 있는 동안에는 별로 이상한 행동을 하지 않음.
> 오사카시에 있는 한국인 천응성千應聖은 이상헌 외 2명을 전송하기 위해 동행왔다가 이들이 출발한 배를 배웅하고 곧바로 오사카로 돌아갔음.

이 정탐으로 볼 때, 손병희는 1902년 8월 29일 오전 10시 고베호라는 배를 타고 상하이를 출발하여 고베를 거쳐 오후 6시 40분경 나라에 도착하였다. 그리고 나라에 머무르는 동안 명주와 베를 취급하는 가게

일본망명 시절의 손병희(앞줄 오른쪽 두번째)

를 경영할 목적이었다. 다만 말과 행동이 약간 이상하긴 했지만 특별한 행동은 없었다. 그런데 오사카에 사는 천응성이 손병희를 배웅하고 돌아갔다. 또한 손병희의 동생 손병흠은 이구중李九仲으로 변성명하였으며, 동행인으로 민기호가 함께 하였음을 알 수 있다.

이처럼 일제는 손병희가 일본에 도착한 첫날부터 그 행적을 조사하였다. 뿐만 아니라 일제는 손병희에 대해 지속적으로 출신과 과거의 행적을 추적하였다. 그래서 국내에 파견된 일본인으로 하여금 뒷조사를 하였다. 1904년 2월 23일 일본 외무대신 소촌수태랑小村壽太郎은 주한 특명전권대사 임권조林權助에게 손병희의 신상조사를 의뢰하였다. 그 내용은 다음과 같다.

한국인 이상헌의 신상에 대해서 전부터 미심쩍게 생각하고 있었으니, 이를 조사해 달라고 이번에 경도부지사京都府知事가 별지 사본과 같이 의뢰해 왔으니, 자세히 조사해서 급히 회보해주시기 바라며 이에 말씀드립니다.

그렇지만 손병희는 변성명하여 일본에서 활동하였기 때문에 누구보다도 궁금하였다. 그래서 늘 감시자가 붙어있었고, 세세한 부분까지 조사하였던 것이다. 손병희는 상당한 재력가로 알려졌으며, 동생 손병흠은 광산을 경영하는 것으로 파악하고 있다. 그럼에도 불구하고 손병희의 동정에 대해 제대로 파악하지 못하고 있음을 알 수 있다. 왜 일본에 머물고 있는지, 불미스러운 풍문 등 여전히 주의를 기울이고 있다. 따라서 감독과 단속이 여전히 필요하다고 보고 국내 정부와의 관계, 친러파와의 관계·자산·한국에서의 이력 등을 신속히 정탐해줄 것을 요구하고 있다.

그렇지만 여전히 손병희에 대한 정보는 정확하지 않은 것이 많았다. 예를 들면 각처에서 처첩과 함께 동거한다거나 친러파 이근책의 지시를 받고 일본에 망명하였다는 것은 전혀 사실에 맞지 않는 것이다. 또한 손병희의 원적과 출생지를 '경성 미동'이라 한 것도 틀린 정탐내용이다.

이처럼 일제가 정탐한 손병희의 경력과 신상에 대한 내용은 적지 않은 한계를 가지고 있다. 그럼에도 불구하고 일부에서는 이를 마치 사실인 양 호도하는 경우도 없지 않다. 이것은 일본 측 자료의 한계라고 할 수 있다.

주요 지도부 일본으로 건너가다

1904년 2월 8일 마침내 일본군의 기습으로 러일전쟁이 발발하였다. 좀 더 많은 정보를 얻기 위해 손병희는 교토京都에서 도쿄로 거주지를 옮겼다. 일본에서 발전된 근대문명을 직접 눈으로 확인하고 교단뿐만 아니라 국내의 정치도 개혁할 것을 구상하였다. 그러기 위해 이인숙으로 하여금 「비정혁신안」을 제출하였다. 그러나 정부는 오히려 이인숙을 체포하고자 하였다. 이에 손병희는 새로운 민중운동의 하나인 민회를 조직하여 정치를 개혁하고자 하였다. 그렇게 준비된 것이 진보회였다.

손병희는 러일전쟁이 일어나자 국내의 주요 동학지도자인 이용구·박인호·이종훈·홍병기·문학수·이겸수·나용환·한용구·박영구·김안실·이두연·나인협·김유영·한화석·강익주·임중호·오응선·방찬두·김명준·홍기억·홍기조·유지훈·노석기·김영학·임례환·김학수·김낙철·원용일·곽기룡·권병덕·이종옥·정종혁·정종욱·이정봉 등 40여 명을 도쿄로 불러들였다. 그리고 자신이 가지고 있던 원대한 계획을 밝혔다. 이 모임에서 손병희는 국내에서 민회를 통한 개화운동을 추진할 것을 밝히고 민회 조직을 지시하였다.

1904년 봄 손병희로부터 지시를 받고 일본에서 돌아온 동학지도부는 회합을 갖고 민회의 이름을 대동회大同會로 하기로 하였다. 대동회라는 이름은 동학의 만민평등萬民平等과 유무상자有無相資의 동학정신에서 비롯되었다. 즉 동학의 목표인 지상천국을 이루고자 하였던 것이다.

대동회의 결성에 따라 황해도·평안도·함경도·전라도 지방의 동학 교인들은 해당 지역에서 민회 설립을 준비하였다. 이 준비과정에서 함흥에서는 3월 19일 일본군 1개 중대에게 김학우 등 4명이 피살되었고 20여 명이 부상당하였다. 이처럼 대동회를 결성하려는 동학교인들은 일본군에게 살해되거나 체포되었다. 이 과정에서 손병희는 비밀리에 대동회 설립을 준비하던 지도부 박인호·이종훈·홍병기를 다시 일본으로 불러 새로운 방안을 지시하였다. 이들은 귀국 후 1904년 7월 나용환·오영창·홍기조·엄주동·김명배·김명준·전국환·박형채·국길현·최영구·정경수 등을 모화관 산방에서 회의를 갖고 그동안 준비하였던 대동회를 중립회中立會로 고치기로 하고 동학 조직이 있는 지역에 지회를 조직할 수 있도록 하였다.

동학지도부는 중립회를 조직하기 위해 1904년 9월 9일에 경성으로 모이라는 통문을 발송하였다. 이에 따라 각지의 동학교인들은 활발하게 움직이기 시작하였다. 1904년 8월 관서지역과 호남지역에서 동학교인들이 적극적으로 활동하자 일본주둔군은 관서지역의 정주·희천·강동 등지에서 동학교인을 체포하였다. 이와 같은 상황을 이용구로부터 보고 받은 손병희는 권동진·오세창·조희연 등과 논의하여 민회의 명칭을 중립회에서 진보회進步會로 하기로 결정하였다. 그리고 진보회의 조직 및 활동 추진에 대한 모든 일을 이용구에게 일임하였다.

이리하여 진보회는 10월 14일 회장 이용구와 부회장 권종덕의 이름으로 각 지역에서 개회할 것을 지시하는 통문을 발송하였다. 『대한매일신보』1904년 10월 14일자 신문에 의하면 통문의 내용은 다음과 같다.

대저 인민은 국가의 원기요, 사회는 인민의 정론이니. 잠시도 서로 떠나지 못할 것은 원기요, 하루도 없지 못할 것은 정론이라. 우리나라 삼천리 강토와 이천만 인민이 족히 풍교를 유지하야 문명의 진보하겠거늘, 정부 제씨가 취한 꿈을 깨지 못하여 비단 교식지계로 구차스럽게 지낼 뿐 아니라 안으로 성총을 옹폐하고 밖으로 생령을 포학하여 가혹한 정사로 압제하여 무죄한 백성이 점점 더욱 도탄에 빠지니, 오호 통재라. 나라 흥망이 오직 민심이 동일함과 각산하는데 있나니 첨군자는 동성과 동기로 일제히 분발하여 기약에 본회로 내도하여 당당한 정론으로 정부에 헌의하여 우리 강토를 보전하고 우리 생민을 구활함을 천만옹축하노라.

회장 이용구
부회장 권종덕

그리고 이 통문에는 9개의 세칙을 포함하고 있는데 다음과 같다.

일은 회명은 진보회라 칭할 사.
일은 본월 회말로 일제히 개회할 사.
일은 독립을 보전할 사.
일은 정치의 개혁을 헌의할 사.
일은 인민의 생명재산을 보전할 사.
일은 군정을 감액할 사.

일은 재정을 정리할 사.

일은 동맹국 군사상에 보조할 사.

일은 회원은 일체 단발할 사.

회명은 진보회로 하고 독립보전, 정치개혁, 인민의 생명재산 보존, 군정감액, 재정정리, 동맹국 보조, 회원의 단발 등을 담고 있다. 이에 따라 동학 조직이 있는 지역에서는 진보회를 조직하였다.

진보회를 조직하다

그러나 실제적으로 동학교인들이 활동은 이미 9월 초순경부터 보이고 있다. 지회 조직에 앞서 동학지도부는 서울에서 진보회 조직을 위해 박남수朴南壽, 박인호의 명의로 지방 교인들에게 상경하도록 통문을 발송한 바 있었다. 이 통문은 1904년 9월 13일자 『황성신문』과 『대한매일신보』에 게재되었는데 그 내용은 다음과 같다.

일은 황실을 보호하여 독립권을 공고케 할 사.

일은 정부를 개선하여 백성의 자유권을 얻게 할 사.

일은 이제 이 거의 하기는 우리나라 큰 의라. 즉금 일본이 아국과 전쟁하기는 실로 대의를 들어 동양의는 평화할 목적을 주장함이니 우리가 엄정히 단속하여 일본군사상에 방해함이 없게 하여 의리로써 의리를 손상함이 없게 할 사.

일은 로비는 각각 자기가 주선하여 민간의 침탈을 없게 할 사.

일은 열방의 우의를 돈독케 하고 문명을 진보하여 각국에 이익권을 양여함이 없게 할 사.

일은 중립국의 의무를 엄정히 지키게 할 사.

일은 금 이십오일로 팔로가 일제히 발행하여 동월 회일에 경사에 회동할 사.

일은 매사를 회장의 지휘대로 하되 만일 장정대로 아니 할 자가 있으며 엄벌할 뿐 아니라 중벌에 처할 사.

일은 대략만 발기하니 미진 조건은 일 후 고지할 사.

이 통문 내용은 10월 14일 이용구의 명의로 발송한 「진보회 통고」와 대동소이하다. 이러한 점으로 보아 진보회의 조직은 전적으로 이용구가 단독으로 추진한 것이 아니라 박인호와 같이 공동으로 추진한 것으로 보인다.

이에 따라 관서지역의 경우 9월 4일 평안남북도 각 지역의 동학교인들은 평양으로 모인 다음 서울로 집결하려고 하였으나 여비의 미비로 9월 17일에야 회동하여 상경하기로 하고 있다. 또한 삼등군에 집결한 황해도와 평안도 일부 지역 동학교인들도 수안군을 거쳐 상경하고 있다. 이밖에도 상경을 준비하고 있는 지역으로는 황해도 연안군에도 보이고 있다.

이와 같은 지방 동학교인의 서울 집결은 관군과 일본군의 진압으로 큰 성과를 보이지는 못하였다. 그러나 일부 지역에서는 상경하였던 것으로 보인다. 서울의 진보회는 전국에서 모인 3천여 명의 동학교인으로 조직되었는데, 이들은 시정개혁과 현영운玄暎雲·이용태李容泰·권중석權重錫·허위許蔿 등 4명의 간서배 척퇴를 주장하였다.

한편 서울 집결이 어렵게 되자 지방에서는 자체적으로 개회를 하고 진보회 지회를 조직하였다. 지방의 진보회는 각군에 회장과 부회장, 평의원을 두고 각군의 책임자 중에서 선발하여 군조직과 마찬가지로 도 단위에도 진보회를 조직하고 도의 사무를 총괄하도록 하였다. 그리고 교인과 관리간의 교섭을 담당할 총대, 지회의 실무를 담당할 서기와 회계 등을 임명하였다.

1904년 9월 14일 서울에서 발송한 통문 즉 진보회 조직을 시달 받은 이후 12월 2일 일진회와 통합되기 전까지 진보회의 조직은 순탄하지만은 않았다. 이런 와중에서도 1904년 11월 초 주한일본주차군駐韓日本駐箚軍에서 파악한 진보회는 전국적으로 80여 군에 조직되었으며, 회원은 117,735명에 이르렀다.

정부와 일본군, 진보회를 탄압하다

1904년 9월 14일 서울에서 발송한 '진보회 통문'으로 전국 각지에서 진보회가 조직되고 흑의단발黑衣斷髮로 활동을 전개하자 고종과 정부는 기본적으로 진보회원이 동학이라고 인식하였다. 이러한 인식에 따라 고종은 1904년 9월 20일 각도 관찰사에게 동학교인을 체포하도록 지시하였다.

요즘 듣건대 동학 비적東學匪賊 잔당이 다시 퍼져서 혹 공공연히 주문을 외우기도 하고 혹 몰래 내통해서 고을과 촌락들에 모여 무기를 휘두르며 곳곳에서 소란을 피우면서 장차 연곡지하輦轂之下에 모일 것이라고 성명을 냈다고 한다. 인심의 미혹과 백성들의 불량한 버릇이 어찌 이 지경에까지 이르렀단 말인가? 전철前轍이 소연昭然하니 속히 막을 대책을 강구하지 않을 수 없다. 각도各道의 관찰사觀察使·안무사按撫使·선유사宣諭使, 지방 진위대鎭衛隊, 각 집포관戢捕官들로 하여금 엄하게 초포剿捕하게 하되 두목은 즉석에서 처단하고 추종하는 무리들은 잘 타일러 해산시켜서 화란禍亂의 싹을 잘라 지방을 안정시키도록 하라.

즉 동학이 다시 일어나는 것을 막아야 한다는 것이었으며, 이어 진보회의 해산, 탐관오리의 척퇴 등을 내용으로 하는 칙령을 내렸다. 24일에는 보다 강경하게 대응할 것을 지시하였다.

근일에 소위라고 하는 자가 떼로 모이고 단체가 되어 와언을 선동하여 경향으로 불러 어리석은 무리가 구름 모이듯 하여 조정을 비방하고 대신을 핍박하여 점점 방안이 없는 지경에 이르되 법사에서 능히 그 그른 것을 다스리지 못하고 경무관리가 그 직책을 다하지 못하고 수수방관만 하고 조제치 못하니 법강이 해이한 것이 한심한지라. …… 정부와 내부로 경무청과 지방관에게 신칙하여 방법을 내어 형찰하고 효유하고 가기 헤어져 돌아가 안업케 하되 이렇게 조칙한 후에 …… 일향 항거하면 마땅히 법이 있으니 짐은 두 번 말하지 않노라.

그리고 각지 관찰사에게 "동학을 엄히 금집케 하라"는 전칙을 내렸다. 그리고 진보회를 개회하는 동학교도들을 효유·진압하기 위해 경기도에 조경순, 충청도에 정인표, 경상남도에 이성렬, 경상북도에 정규희, 전라남도에 안종덕, 전라북도에 박제빈, 강원도에 한진창, 황해도에 홍우석을 각각 파견하였다.

이와 같은 조칙에 따라 각 관찰사는 '칙령을 어기며 개회하는 진보회를 모두 동학으로 취급하여 다스리겠다'는 내용으로 다시 한 번 통첩을 하고 동학교인에 대한 탄압을 강화하였다. 경남 진주군에서 진보회 개회를 보고하였을 때 병정을 파송하여 초토하기로 한다든가 황해도와 평안남북도에서는 동학교인을 진압하기 위해 2백여 명의 진위대를 파송하는 등 조치를 위하였다. 이에 따라 태천군 고치강에서는 수백 명이 익사하고, 가산에서는 김길수金吉洙 등 수명이 피살되었다.

이와는 별도로 일본 측에서도 동학교단에서 추진하였던 진보회 활동을 방해하거나 탄압한 사례가 적지 않다. 이미 동학혁명에서 동학의 배일적인 의식을 경험한 일제는 주한일본공사관과 군부를 통해 진보회 설립 이전부터 동학당의 움직임에 주의를 기울였다. 그리고 진보회가 설립되자 각 지역별로 순사 또는 밀정을 파견하여 그 활동을 자세하게 파악토록 하였는데 전체적인 진보회원이 동학혁명 당시와 다르지 않다고 결론을 내렸다. 이는 무엇보다도 군사상의 문제였기 때문이다.

일본군은 원천적으로 진보회의 활동에 대해 경계를 늦추지 않았다. 특히 임권조林權助 주일공사는 진보회를 통합한 일진회에 대해서도 인식이 매우 부정적이었다. 임권조는 1905년 1월 황해도에서 고시문을 통해 지방관과 중앙정부의 학정에 불만이 있을 경우 일본공사관에 진정할 것이며 일진회원과 같이 작당하여 경성에 파송하는 행위를 금지하라하고 경고를 하고 있다. 이러한 일본군의 인식은 진보회가 일진회에 통합되기 전부터 갖고 있던 인식의 연장이라 할 수 있다. 즉 지방에서 진보회 활동을 박멸하면 황제가 기뻐할 것이고, 그냥 내버려두어 세력이 확대되면 일본제국 신민의 이익, 군사행동상의 안전, 치안유지의 방해가 되지 않는 정도에서 감시·취체를 하지 않으면 안된다고 인식하였던 것이다.

이처럼 동학교인이며 진보회원들이 정부와 일본군으로부터 탄압을 받아 목숨을 잃는 등 어려운 상황이 있을 때마다 손병희는 눈물을 감추고 다음과 같은 말로 위로하곤 하였다.

"나라를 다스리는 자들이 저렇듯 귀가 어둡고 눈이 어두운 것을 보니 이 나라의 운명이 거의 경각에 달려 있는 듯하네. 얼마 안 가 나라를 빼앗기는 사태가 벌어질지도 몰라. 그러나 그렇다고 해서 우리까지 실망해서는 안 되네. 일찍이 수운선사께서는 '고비원족高飛遠足'이라는 말씀을 남기셨네. 당장 후천개벽이 불가능하더라도 먼 미래의 후천개벽을 위하여 최선을 다하여야 할 걸세. 궁극적으로 보국안민을 실현하기 위하여 우리 교인은 현재 그 밑거름의 사명을 다 하여야 하네. 사람이 하늘을 속이지 않는 한 하늘도 사람을 속이지 않는 법이야."

13 진보회, 일진회와 합동하다

송병준, 유신회를 조직하다

이와 같은 희생을 무릅쓰고 근대문명의 시대를 선도하고자 하였던 동학교단의 진보회운동은 동학혁명 때와 마찬가지로 정부로부터 적지 않은 탄압을 받았다. 정부로부터 탄압 강도가 점차 강해지고 많은 교인들이 희생을 당하자 진보회를 이끌던 이용구는 일진회와 통합을 기도하였다. 그런데 이용구가 진보회를 일진회와 통합한 것은 손병희의 동의 없이 추진되었다. 이를 계기로 이용구는 친일 대열에 앞장서게 되었다. 그렇다면 일제강점 이전 대표적인 친일단체 일진회는 어떻게 누구에 의해 만들어졌을까.

일진회가 만들어진 것은 1904년 8월 20일이다. 일진회는 유신회維新會의 후신이었다. 『원한국일진회역사』에서는 일진회의 창립 과정을 다음과 같이 기록하였다.

경향 유지 신사 송병준 외 수 십인이 국세의 급업岌業함을 우려ㅎ하고 문명의 제도를 효칙效則코저 하여 민회를 발기하여 중서中暑 광통교廣通橋 지전도가紙廛都家에 우접寓接 집회하여 원세기元世基 동의에 유학주俞鶴柱 재정으로 임시의장은 윤시병尹始炳으로 천정薦定하고 회명會名을 유신維新이라 하여 정부에 공함하기로 가결한 후 즉시 의정부 의정대신서리 박제순朴齊純에게 공함한 전문이 여좌.

경계자敬啓者 생등生等이 시국의 급업함을 당하여 황실을 존안케 하며 생령을 보호하고 외교의 화충華衷케 하기 위하여 이삼 동지로 더불어 유신회維新會를 조직하고 자에 앙보하오니 조량하심을 경요.

일진회의 전신은 유신회였다. 송병준·원세기·유학주 등 수십 명이 모여 1904년 8월 18일 지금의 광교 근처 종이를 파는 도매상가에 모여 유신회를 조직하였다. 유신회는 '황실존안·생령보호·외교화충' 등 세 가지를 활동 목적으로 삼았다. 유신회의 핵심인물인 원세기는 광제원 사무위원, 유학주는 법관양성소 출신으로 법부 주사로 활동한 바 있는 관료 출신들이었다. 또한 유학주는 독립협회 회원으로도 활동한 바 있었다. 그리고 유신회의 대표적 인물인 송병준에 대하여 좀 더 자세히 살펴보면 다음과 같다.

송병준은 1875년 함경남도 장진군에서 태어났다. 송시열의 9대손이나 어머니가 기생 출신으로 알려졌다. 8살 때 서울로 상경하여 수표교 근처 기생집에서 조방꾼이 노릇을 하다가 우연히 민태호의 눈에 띄어, 민태호의 애첩 홍씨 집에서 일하게 되었고, 민영환가의 식객으로 지냈

일진회를 조직한 송병준

다. 1871년 무과에 합격하여 수문장이 되어 수문장청에 배속되었고, 이후 훈련원 판관이 되었다. 1873년에는 오위도총부 도사, 사헌부 감찰 등을 지냈다. 1876년 강화도조약 당시 접견사 수행원으로서 구로다 일행을 접대하였다. 그 뒤 송병준은 구로다 일행을 따라온 일본의 무역회사 대창조 사주인 오오쿠라大倉와 합작하여 부산에 상관을 차렸다. 이는 조선 역사상 최초의 한일 합작 상회인 셈이다. 당시 국법에 따르면 일본인과 합작하여 상행위를 할 수 없었다. 그런데 송병준이 일본인의 앞잡이 노릇을 하였기 때문에 그에 격분한 부산 사람들이 그 상관을 부숴버리기도 하였다. 임오군란 때에는 간신히 피신하였는데, 그를 좋지 않게 본 사람들이 그의 집을 불태워 남대문 밖 한 농가의 쌀뒤주에서 열흘쯤 숨어 지내야 했다. 갑신정변 때에도 사람들이 그의 집을 불태웠고, 겨우 도망하여 살아남았다. 송병준은 그 뒤로도 요직을 두루 섭렵하였다. 갑신정변 후 조선정부로부터 밀명을 받아 일본에 망명생활 중이던 김옥균을 암살하기 위해 일본으로 건너갔다가 도리어 김옥균에 설득되어 그의 동지가 되었다. 그 뒤 조선에 귀국하였는데, 일전에 일본인과 같이 상회를 차린 혐의로 투옥되었으나 민영환의 주선으로 출옥하였다. 그렇지만 1886년에는 김옥균과 통모한 혐의로 투옥되었다가 다시 출옥하였다. 이후 흥해군수, 양지현감 등을 역임하다가 정부로부터 체포령이 내려져 다시 일본으로 피신했다. 이후 노다 헤이치로野田平治郎라는 이름으로 개명하고 은신하며, 야마구치현山口縣에서 잠업蠶業에 종사하며 숨어 지냈다. 1904년 러일전쟁이 일어나자, 일본군을 따라 통역관으로 귀국하였다. 일본군 통역관으로 조선을 귀국한 후부터는 완전히 친일파로 변신하여, 비밀리에 일제의 지시를 받아 윤시병 등과 함께 유신회를 조직하였다.

유신회, 일진회로 개명하다

그런데 유신회는 조직한 지 2일 만에 일진회로 회명을 바꾸었다. 유신회는 1904년 8월 20일 특별회를 열고 일본헌병의 호위를 받은 가운데 일진회로 개명하였다. 그리고 일진회 취지서를 발표하였다.

> 무릇 국가는 인민으로서 성립하는 것이요, 인민은 사회로써 유지하는 것이라. 진실로 인민이 그 의무를 복종치 아니하면 나라는 능히 나라가 되지 못하고 사회가 단체로 조직하지 아니하면 민民이 민民되지 못하나니, 대개 인민의 의무는 병역과 납세만 있는 것이 아니오. 국가의 치란안위治亂安危에 관하여 담론권고談論勸告하는 의무도 부담하는 고로 현 세계열강은 특별히 인민으로 하여금 언론言論 저작著作과 집회 및 결사를 자유케 하나니, 대저 정부는 보필하는 책임으로 행정권을 직접 담분擔分하는 것이요, 인민은 협찬하는 의무로 입법권에 간접 참론하는 것이요, 군주는

이 입법 행정의 대권을 총람하여 민국民國을 통치하는 무상제일존중無上第一尊重하는 것이라. 이를 합하여 말하면 정부 인민은 상하일치上下一致하여 황실의 안녕을 존엄케 하며 통치의 주권을 공고케 함에 노력할 것이요, 나누어 말하면 정부는 행정과 사법의 책임을 극진히 선량케 하여 인민의 생명과 재산을 보호할 것이요, 인민은 병역과 납세의 의무를 극진히 근로하여 정치의 안위득실安危得失을 감시할 것이니, 이는 국회와 사회의 설립하는 본지라. …… 일진一進이라 명칭함은 일심진보一心進步할 주의라. 무릇 우리 일반 동포는 이 목적을 의무삼아 일체 협성協誠하며 일관정력一貫精力하여 일 개개 용진혈성勇進血性과 일 단단 충애단침忠愛丹忱으로 한 단체를 합성하여 비록 일일일보一日一步할지라도 일신 개명지역開明之域에 전진하여 국가 면목을 일변 유신케 한 연후에 서기庶幾 본회의 목적을 불부不負할지니 오호라 우리 대한국 동포여 일심면진一心勉進을 시도할지어라.

일진회의 취지서는 당시 근대문명의 수용을 잘 보여주고 있는데, 이러한 인식은 이미 독립협회 시기에 널리 유포되었다. 특히 만민공동회 연설을 통해 인민의 역할을 강조하였는데, 이를 잘 반영하였다고 할 수 있다.

유신회에서 일진회로 탈바꿈한 후 일진회는 8월 22일 회장에 윤시병, 부회장에 유학주, 서기에 홍석후와 최명식, 회계에 원세기와 남정의를 각각 선임하고 평의원 15명과 사무원 10명, 사찰원 10명을 선정하였다. 그리고 이날 "황실을 존중케 하고 국가기초를 공고케 할 사, 인민의 생명재산을 보호케 할 사, 정부개선 정치를 실시케 할 사, 군정재정을 정리케 할 사" 등을 4대 강령으로 결정하였다.

그런데 이 4대 강령이 진보회의 강령과 거의 유사하다는 이유로 당시 일진회와 진보회는 이명동체異名同體로 오해받기도 하였고, 많은 연구자도 그렇게 결론 내리기도 하였다. 그렇지만 진보회와 일진회의 강령은 한말 당시 조직되었던 단체들과 일맥상통하였다. 일본인의 황무지 개간을 반대했던 보안회 역시 "황실을 안녕케 할 사, 국체를 존중케 할 사, 독립을 공고케 할 사, 민지를 발달케 할 사, 정치 방침을 충고할 사, 인민의 생명과 재산을 보호케 할 사, 언로를 광개하여 민정을 상달케 할 사" 등을 강령으로 하였다. 이러한 점에서 볼 때 한말 조직되었던 단체들은 대체적으로 비슷한 강령을 내세웠던 것이다.

이와 같은 강령은 그동안 억눌렸던 인민의 권리 즉 민권을 인정받고, 민권이 보장될 때 애국심도 생기는 근대문명국가를 지향하였던 시대적 산물이었다.

진보회, 일진회와 통합하다

앞서 언급하였듯이 정부는 진보회가 동학이라고 하여 강력하게 탄압하였다. 당시 참정대신 신기선申箕善은 "동학교인들이 어찌 선량한 인민인가" 하면서 동학교인을 '난민亂民'으로 인식하였다. 더욱이 동학혁명으로 위기의식을 느꼈던 정부로서는 동학 세력을 탄압하는 것이 무엇보다도 급선무라고 판단하였다.

이에 정부는 조칙을 발표하여 동학 세력을 근절코자 하였다. 『대한매일신보』 1904년 10월 26일자에 의하면, "각도 각군에서 혹 동학당이라 도칭하며 혹 민회라 도칭하여 병기를 부리며 인명을 살해하니 급속히 각 진위대에 신칙하여 파병하여 소멸하라"고 하였고, 『원한국일진회역사』에는 "조령을 위반하여 취회하고 조직이 없이 삭발하니 이는 난민이라. 그냥 둘 수가 없나니 마땅히 효유하여 해산케 하고 완거頑拒하거든 군부에게 빨리 알려 초토포형剿討砲刑하라"고 기록하였다. 그런데 『대한매일신보』는 진보회에 대해 매우 부정적인 인식을 가지고 있음을 알 수 있다. 그런 까닭에 동학교인들이 병기를 지니고 인명을 살해하였다고 한 것이다. 그렇지만 일제의 영향이 크게 미치는 통감부 시기에 진보회원들이 무기를 가진다는 것은 불가능하였다. 이러한 보도는 『대한매일신보』를 발행하는 주체들이 개명유학자들이만 여전히 동학에 대해 부정적인 인식을 가지고 있었기 때문이기도 하였다.

진보회원 즉 동학교인에 대한 강경한 탄압이 지속되자 진보회를 이끌던 이용구는 1904년 11월 25일 일진회에 '합성단결合成團結' 즉 합동하자는 공함을 보냈다. 이용구가 일진회에 공함을 보낸 이유 중의 하나는 진보회원들이 정부로부터 탄압받았을 때 일진회가 변호하거나 석방될 수 있도록 적지 않은 압력을 가하였기 때문이었다. 그렇지만 일진회가 진보회에 우의를 가진 것은 자신들의 세력을 확장하기 위한 방편의 하나였다. 그럼에도 불구하고 이를 간파하지 못한 이용구는 목적의 어려움을 타개하기 위해 일진회와 합동을 도모하였다.

일진회는 12월 2일 평의원회를 열고 회장 윤시병으로부터 "진보회

총회장 이용구의 공함 취지와 목적이 본회와 동일하니 합동함이 필요하다"는 설명을 듣고 진보회와 합동을 결의하였다.

친일단체를 이끌었던 이용구

각도에 지부회장을 선치하고 각군에는 지군회장을 선치하여 차차 규정을 정하고 각 지부회에서는 각군 부첩簿牒을 등인하여 총회로 복고케 하고, 이용구는 13도총회장으로 위임하여 지방 정황을 본회장에게 보고하면 각부 부원청部院廳에 해당하는 교섭사건은 본회로 하고, 회로 처변할 사건은 본 회장이 총회장에게 통첩송교通牒送交하기로 하다.

그리고 나서 일진회는 의정부에 일진회와 진보회가 합동하였음을 보고하였다. 이로써 진보회는 일진회에 통합되었다. 그리고 회명은 일진회로 하였다. 이를 다른 표현으로 '합동일진회'라고도 한다. 이에 따라 일진회는 중앙은 일진회, 지방은 진보회라는 이중적 조직을 가지고 되었다. 그렇기 때문에 지방에서는 여전히 진보회라는 이름으로 활동을 하였다.

14 동학, 친일세력으로 오해를 받다

일진회에 통합된 진보회, 일본군을 돕다

1904년 12월 2일 진보회를 통합한 일진회는 러시아와 전쟁을 수행하고 있는 일본군을 돕는 등 부일활동에 적극 가담하였다. 그런데 지방의 진보회는 중앙에서 일진회와 합동한 사실을 제대로 알지 못하였다. 때문에 일진회와 합동 후 13도총회장으로 임명된 이용구를 여전히 진보회 회장으로 알았다. 이에 이용구는 일진회의 13도총회장으로서 지방의 진보회원을 부일활동에 독려하였다.

러일전쟁은 1904년 2월 10일 정식으로 선전포고되었다. 그렇지만 일본의 여순항 기습 공격으로 전쟁은 이미 2월 8일부터 시작되었다. 일본은 처음부터 러시아와의 전쟁을 서둘렀다. 전쟁이 늦어지면 러시아의 시베리아 철도와 동청철도의 수송능력이 증가되어 일본에 불리해질 것으로 판단하였기 때문이었다. 이에 비해 러시아는 지구전으로 대응하여 유럽 쪽에서 증원군이 올 때까지 일본의 병참선을 늘리며 하얼빈에서 승부를 내려고 하였다.

　이와 같은 상황에서 일본군은 1904년 4월 말부터 5월 초에 압록강을 넘어 만주로 진출하였다. 그리고 또 다른 군부대로 대련을 점령한 후 일부는 여순 점령을 위해 남겨두고 주력부대는 압록강을 건너온 부대와 합류하였다. 이는 만주의 전략적 요충지인 요양遼陽을 점령하기 위해서였다. 러일전쟁에서 일본군은 우리나라를 거쳐 만주로 진출하였는데, 이 과정에서 일진회에 통합된 지방의 진보회원들이 일본군의 군수물자 수송을 도우면서 부일활동을 하게 되었다.

　일진회의 부일협력은 크게 두 시기로 나누어 전개되었다. 첫 번째는 1904년 10월부터 이듬해 9월까지 황해도와 평안도 일대의 일진회원들이 경의선임시군용철도건축에 동원되었다. 이때 평안남도에서 64,700명, 평안북도에서 72,900명, 황해도에서 11,514명이 동원되었다. 두 번째는 1905년 6월 10일부터 12월 26일까지 이른바 '북진수송대北進輸送隊'라는 이름으로 진행된 일본군 물자보급과 수송이었다. 북진수송대는 1905년 6월 10일 일진회 총회장 이용구와 평의원 의장 송병준이 일본 주차군 사령관 하세가와長谷川好道를 만나 비밀조약으로 북진군사상 방조幇助할 계획을 확정함으로써 만들어졌다. 북진수송대를 통한 물자보급과 수송은 약 4개월 동안 11만 5천여 명이나 동원되었다.

　일진회를 통한 진보회원의 일본군에 대한 원조는 러일전쟁이 끝나고 1905년 9월 포츠머스강화조약이 체결되면서 끝이 났다. 이 과정에서 지방의 동학세력이었던 진보회의 부일활동으로 동학은 친일세력으로 오해를 받았다.

독립을 하려면 보호를 버려야

앞서 언급하였듯이 일진회의 이용구는 동학 조직을 이용하여 일본군에 협력하였다. 이는 이 기회를 이용하여 일진회의 세력을 확장시키고자 한 의도였다. 그런데 러일전쟁이 끝나고 양국 간에 강화조약이 맺어지자 일본 측에서는 일진회의 이용가치가 없어져 버렸다. 이에 일진회는 더 이상 일본의 보호 없이는 존립 자체가 불투명하였다.

러일전쟁이 종전에 이르자 일진회는 새로운 방안을 모색하고자 하였다. 그렇기 위해서는 우선 내부 조직을 일원화하였다. 그동안 일진회는 중앙과 지부의 이원화로 운영되었는데, 중앙 조직은 일진회였지만 지방 조직은 여전히 진보회의 동학세력이었기 때문이었다. 1905년 9월 30일 일진회는 대대적으로 조직을 개편하였다. 중앙의 본회를 본부로, 13도 총회를 폐지하는 한편 각도 지부를 지부회로 하였다.

일진회가 조직을 개편한 시기는 마침 포츠머스강화조약이 맺어지고 있는 때였는데, 강화조약에는 '조선을 일본의 보호 감독 아래 둔다'는 것이 기정사실화 되었다. 이 소식이 국내에 전해지자 각종 언론과 단체들은 그 부당성을 지적하였다. 이런 와중에도 일진회는 11월 5일 일본의 보호국화를 촉구하는 선언서를 발표하였다.

지금 한일 양국의 관계는 옛날로 회복하고자 함은 마치 사자를 희생시키려는 것이니, 그 성패는 자명하다. 만일 외국의 간섭을 거부하고 독립의 명실을 완전히 하고자 한다면 분연히 궐기하여 그 이유를 만국에 선언해야 할 것이다. 그렇지 않다면 우방의 지도에 순응하여 문명을 진척시키고 독립을 유지함이 가하다. 나아가 분연히 의를 외칠 용기가 없고 물러나 우방을 신뢰하지 않으면서 함부로 의심하여 소인배들의 교언에 속아 간계를 부리니, 이는 필시 교의를 손상시켜 스스로 망국의 화를 자초함이니 탄식을 금할 수 없다. …… 오호 우리 2천만 동포는 이 다난한 때에 임하여 세계의 형세를 살피고 동양의 시국을 감안하며 우리나라의 정황을 본다면 재차 언급할 필요가 없을 것이니, 즉 독립보호 강토유지는 대일본황제 조칙을 세계에 공포하신다면 의심할 여지가 없다. 우리는 일심동기와 신의로써 우방과 교류하고 성의로써 동맹에 대하며, 그 지도 보호에 의지하여 국가의 독립과 안녕, 그리고 행복을 영원무궁하게 유지하고자 여기에 감히 선언한다.

광무 9년 10월
일진회 회장 이용구 외 회원

이와 같이 일진회가 선언서를 발표하자 공진회와 대한자강회 등 배일단체와 각 언론은 일제히 일진회를 비난하였다. 심지어 살을 찢고 뼈를 부수어야 한다고까지 극언을 하였다. 이러한 상황에서 손병희는 더 이상 이용구의 부일활동을 방치할 수는 없었다. 더욱이 동학세력이 부일세력으로 매도되는 상황에서 단호한 조치를 마련해야만 했다. 이에 손병희는 이용구를 불러 선언서의 뜻을 물었다. 이용구는 "대한으로 하여금 일본의 보호를 받아서 장차 완전 독립을 하고자 하는 시의에서 나온 것이라"고 답변하였다. 이에 손병희는 "보호를 받고자 하면 독립을 버려야 하고 독립을 하고자 하면 보호를 버려야 하느니, 어찌 보호라는 이름 아래 독립을 하고자 하느냐"고 훈계하였다.

손병희는 일제의 침략의도를 간파하고, 이용구를 달래려고 하였다. 여기에는 동학조직을 가능하면 손상을 입히지 않기 위한 배려였다. 그러나 이용구는 손병희의 훈계를 듣지 않고 오히려 부일활동을 더욱 적극적으로 전개하였다. 결국 동학교단은 이용구 등의 활동으로 인해 친일집단으로 오해를 받았다.

이용구 등 친일분자 출교되다

이처럼 교단이 친일집단으로, 그리고 교인이 친일매국노로 손가락질 받고 희생되자 손병희는 교정분리의 결단을 내리지 않을 수 없었다. 더 이상 방치되었다가는 동학교단은 친일집단으로 매도될 뿐만 아니라 교단의 존립 자체가 위기상황에 빠질 수 있기 때문이었다. 이와 같은 위기상황에서 손병희는 1906년 1월 5일 일본에서 환국하였다. 이해 2월 손병희는 이용구와 송병준을 불러 "금일에 일진회는 시의에 적당하다고 인정하기 어려우니 각 지방 지부를 모두 철폐하고 다만 서울에 본부만 두어 민회의 면목을 유지토록 하라"고 지도하였다. 그러나 이용구와 송병준은 여전히 일진회를 감싸고돌았다. 손병희는 최후의 통첩으로 9월 17일 다시 이용구와 송병준 불러 다음과 같이 효유하였다.

이제 세상 사람들이 일진회를 매국노라 할 날이 멀지 아니 하였다. 또한

이용구 등 친일교인 출교자 명단(『만세보』 1907년 9월 23일)

대세의 소구所驅로 국가를 기리 안보할 수 없게 되면 일진회 홀로 어느 곳에 서며, 선들 무슨 필요가 있겠느냐. 만약 내 말이 맞지 않거든 한울에 일월이 바뀐다고 하라. 그러니 우리 도인들은 일진회에서 탈퇴하여 수도에 힘쓰다가 다시 새로운 기회를 얻어 보국안민의 길을 강구함이 가하니라.

그러함에도 불구하고 이미 권력욕에 빠진 이용구와 송병준은 손병희의 가르침을 따르지 않았다. 결국 손병희는 『만세보』 1907년 9월 23일자로 이용구 등 59명을 출교 처분하였다. 그리고 천도교와 일진회를 분리하였다. 이를 당시 '교회분석敎會分析'이라고 하였다.

이용구 59명은 대헌 사법편 제1조 제1관의 교리와 교규, 그리고 종령을 위반하고, 3관의 총부의 지칙을 따르지 않고 자의대로 함부로 활동하였기 때문에 출교를 하였다. 천도교는 이에 앞서 1906년 9월 5일 종령 41호를 통해 교정분리의 원칙을 정하고 교인으로 하여금 민회 즉 일진회에서 탈퇴할 것을 지시하였다. 그리고 민회 활동은 개인 자격으로만 하도록 하였다. 뿐만 아니라 천도교대헌에서도 제10장 '사법단 면목'에서 "교인이 민회에 가입할 때에는 해 교령이 교인의 성명과 입회 목적을 조사하여 전제관에 보명함"이라고 하여, 민회 가입에 제한을 두었다. 결국 이용구 등은 대헌 위반으로 출교를 당하였던 것이다.

그런데 『동학도종역사』에 의하면, 당시 출교된 교인의 『만세보』와 약간 다르게 기록하고 있는데, 무려 113명에 달하고 있다. 다만 이들 중에는 이용구·송병준·최영구·정경수 등 일부는 중복되고 있지만 서로 다른 이름도 적지 않게 등장하고 있다. 참고로 『동학도종역사』에 기록된 출교인은 아래와 같다.

이용구·송병준·최영구·염창순·김철제·박형채·최종후·김영학·김학수·한화석·윤경순·강필도·정종욱·김사영·정영로·이용한·강익주·김익하·배한굴·김영걸·정경수·김택현·유지훈·안태준·박영구·정용태·김유영·최봉관·김몽필·오성룡·김기찬·석문룡·김기주·최진견·김두선·고용종·김홍진·손은석·김석구·전석환·최태진·김경하·정재하·이두수·양정묵·유계헌·박치준·편상영·김지련·여계보·최문상·김영흡·김성부·유석우·유정빈·이영모·양사홍·김종락·이진교·양순덕·강사준·양영종·김기현·김영실·이진형·강영희·이선학·궁하일·김사걸·홍우상·양준명·한찬수·최학렴·손대성·양세준·송병천·조광휘·김하성·조환·조형식·정석우·방순필·이겸수·김원명·이덕수·김인화·이응태·이상진·한선지·김병익·조명형·주인화·최봉희·이경하·김응종·임중호·이석신·황명중·최찬혁·여주현·신영석·이우현·김인하·박주률·홍정원·정도승·박용원·문천수·이상호·이치실·안리정·변승익·오면규

천도교중앙총부를 설립하다 15

동학, 천도교로 대고천하하다

동학교단은 1904년 8월 진보회를 조직하고 흑의단발黑衣斷髮을 통해 근대문명의 수용과 개화운동을 전개하였다. 그러나 이용구의 배교적 행위 즉 진보회와 일진회의 통합으로 인해 동학교단은 오히려 부일세력으로 적지 않은 오해를 받았다. 더욱이 을미의병이 전개되면서 동학교인들은 의병들로부터도 적지 않은 탄압을 받았다.

  이와 같은 상황에서 손병희는 새로운 결단을 하지 않을 수 없었다. 당시 일본에 머물고 있던 손병희는 동학혁명 이후 온갖 고난을 극복하고 교단을 재건한 상황에서 또다시 교단을 비밀스럽게 그리고 은둔하면서 운영할 수는 없었다. 더욱이 근대문명을 이미 경험한 손병희는 결단의 시기만 기다리고 있었다. 이에 손병희는 그동안 '동학'이라고 불리던 교단을 '천도교'라는 근대적 이름으로 세상에 선포하였다. 이를 '대고천하大告天下'라고 한다. 『본교역사』에는 당시의 상황을 다음과 같이 기록

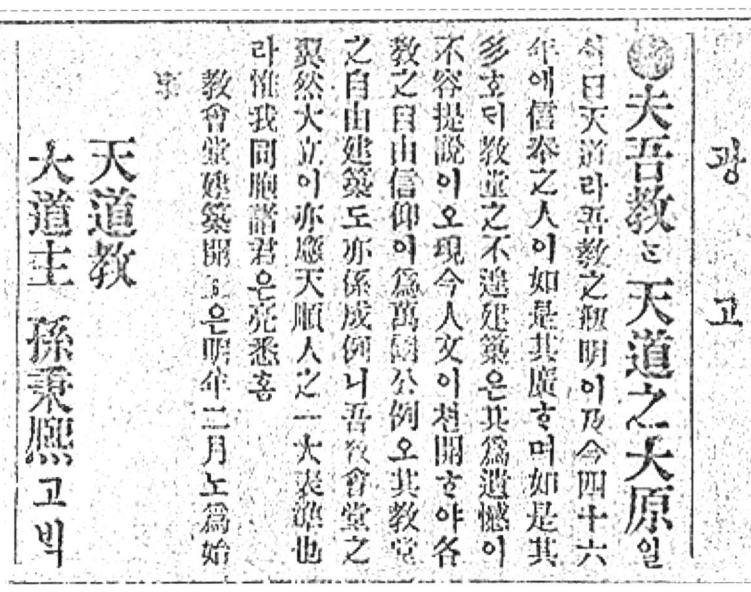

『제국신문』에 게재한 천도교 광고

하고 있다.

포덕 46(1905)년 을사에 성사 동학 이름을 고쳐 천도교라 하니라. 원래 동학이란 이름이 서학 아닌 것을 밝히고자 함이요 실상 이름은 아닌 고로 동경대전에 이른바 '도인즉 천도요, 학인즉 동학'이라는 뜻을 취하여 천도교라 고치니라.

'대고천하'를 알리는 '천도교 선포'는 당시 발행되었던 『제국신문』과 『대한매일신보』에 대대적으로 광고되었다. 『제국신문』은 1905년 12월

1일부터 18일까지, 『대한매일신보』는 19일까지 각각 15회에 걸쳐 동학이 천도교임을 선포하였다. 광고의 내용은 "무릇 우리 교는 천도의 큰 근원으로서 이름하여 천도교라. 우리 교의 창명은 지금 46년에 신봉하는 교인이 광대히 많다. 교당 건축을 서두르지 못한 것은 유감이며 말로 받아들이기 어려운 것이니라. 오늘날 근대문명이 열리어 종교의 자유로운 신앙이 만국의 일반적인 사례이며 교당의 자유스러운 건축도 역시 잇따라 이루어지는 사례이니 우리 교의 교회당을 크게 세우는 것이 역시 하늘에 응하고 인류에 따르는 것이 표준이라"고 하였는데, 이 광고에서 처음으로 '천도교'라는 이름을 사용하였다.

　손병희가 동학을 천도교로 대고천하를 한 배경은 크게 세 가지로 풀이할 수 있다. 첫째는 그동안 정부에서 가지고 있던 동학의 인식을 불식시키기 위함이었다. 즉 정부는 동학을 '혹세무민'이라고 하여 여전히 탄압하였다. 때문에 동학을 그대로 사용한다는 것은 의미가 없었던 것이다. 더욱이 동학이라는 명칭으로 인해 정부 탄압의 빌미를 제공할 필요가 없었던 것이다. 둘째는 근대종교로의 전환이었다. 전근대적 동학을 그대로 유지하기보다는 근대문명의 상징이라고 할 수 있는 흑의단발을 전개한 상황에서 굳이 전근대적 동학을 고집할 이유가 없었던 것이다. 또한 서학의 경우 천주교라는 이름으로 신앙의 자유를 누리고 있었으며, 기독교 역시 신앙이 자유로운 상태였던 것이다. 셋째는 부일세력으로부터 벗어나기 위한 방략이었다. 이용구가 진보회를 일진회와 통합함으로써 동학교단은 부일세력으로 오해를 받았을 뿐만 아니라 교인의 희생이 적지 않았다.

이와 같은 근대문명의 수용과 위기 상황에서 손병희는 일반사회로부터 부정적인 여론과 인식에서 탈피하여 근대적 종교로의 틀을 갖추는 것이 무엇보다도 급선무였던 것이다. 이에 손병희는 동학이 아닌 천도교라는 이름을 신문을 통해 널리 알렸던 것이다.

그런데 『제국신문』의 광고는 천도교를 알리는 것 외에도 교당을 곧 건축한다는 내용이 함께 담겨 있다. 교당은 종교를 상징적으로 드러낼 수 있는 건축물이었던 것이다. 더욱이 근대종교의 틀을 갖추기 위해서는 무엇보다도 교당이 필요하였던 것이다. 때문에 손병희는 천도교의 선포와 함께 교당 건축을 서둘렀다. 교당 건축은 1905년 2월부터 시작한다고 하였지만 실제적으로는 이루어지지 못하였다.

손병희 환국하다

대고천하를 할 당시 손병희는 일본에 머물고 있었다. 동학이 천도교로 대고천하하자 그동안 손병희와 함께 활동하였던 권동진·오세창·양한묵 등은 천도교에 입교하였다. 이들은 근대문명을 경험한 인물로써 천도교가 근대적 종교로 자리잡는데 큰 역할을 하였다. 손병희는 이들 3인에게 천도교대헌天道敎大憲을 만들도록 하였다. 동시에 김현구를 총무사장으로 삼는 한편 국내로 돌아가 모든 일을 처리하도록 하였다. 이어 교빙敎憑 1백만 장을 인쇄하여 국내로 보냈다. 교빙은 교인임을 증명하는 증명서로서 오늘날 주민등록증과 같은 역할을 하였다. 뿐만 아니라 손병희는 권도문을 발표하여 교인들의 참된 가르침을 잘 지키고 따르

천도교대헌 표제(좌)와 일부(우)

것을 당부하였다.

　일본에서 대고천하를 통해 천도교를 세상에 선포한 손병희는 더 이상 머무를 상황이 아이었다. 하루빨리 귀국하여 천도교를 근대적 종교체제를 갖추어야 했다. 손병희는 4년여의 일본 망명생활을 청산하고 1906년 1월 28일 권동진, 오세창과 함께 환국하였다. 환국은 도쿄를 출발하여 오사카·고베·히로시마廣島를 거쳐 시모노세키에서 뱃길로 부산에 도착하였다.

　손병희가 부산에 도착하자 환영 인파가 4만 명에 이르렀다. 파격적인 인파가 손병희의 환국을 환영하였다. 당시로서는 보기 드문 현상이었다. 부산을 출발한 손병희는 대전에서 첫 기차를 타고 오후 1시 35분 남대문역에 도착하였다. 『주한일본공사관기록』에 의하면, "수행원은 50~60명이었으며 한국기를 들고 역사를 빠져나오자 출영인들이 만세를 세 번 불렀다고 하였다. 출영인들은 대부분 천도교인으로 4천~5천여 명에 이르렀다"고 당시의 상황을 전하였다.

천도교중앙총부 설립하다

손병희가 일본에서 환국하자 국내에서는 적지 않은 관심과 반향을 일으켰다. 손병희는 환국 후 남서南署 광통廣通 다동茶洞에 자택을 마련하였다. 그리고 공식적인 첫 활동으로 1월 30일 오후 2시 독립관에서 대강연회를 개최하였는데, 방청객이 3천 명에 달하였다. 그리고 이날 수표교에 있는 민영철閔泳喆의 집을 교당으로 마련하였다. 민영철은 1885년 문과에 합격하여 예조·병조·이조의 참의參議, 한성부의 좌·우윤, 예조·호조·형조의 참판을 역임한 뒤 궁내부특진관에 제수되었다. 다음 해 황해도관찰사로 나갔다가 뒤에 전라도관찰사로 전임하고, 다시 상경하여 경무협판 겸 직제학警務協辦兼直提學을 거쳐 참찬參贊으로 승진하였다. 포덕 43년 군부대신이 되었고, 그 뒤 육군부장陸軍副將·군무총장軍務總長·철로총재鐵路總裁를 역임한 인물이었다. 사회적으로 적지 않은 지위를 유지하였던 민영철의 집 규모는 적지 않았을 것으로 추정된다. 또한 교당이 들어선 수표교는 당시 가장 번화하였던 종로의 중심부였다. 이러한 모습은 당시 천도교의 위상을 그대로 보여주는 상황이었다. 뿐만 아니라 이 시기 지방에서도 교당을 건축하려는 움직임이 있었다. 황해도 장연군에서는 포구의 표목漂木을 모아 교당을 건축하기도 하였다.

천도교 중앙총부(1910년대)

이와 같은 손병희의 활동에 대해 『대한매일신보』는 다음과 같이 평가하였다.

천도교 대도주 손병희씨가 입경하였다 하니 동방에 일대 종교를 창설함인가. 목적이 하여何如함은 오제吾儕의 안력眼力으로는 용이히 관측키 난難하거니와 관측하는 사상이 유有할지라도 용이히 평판키 난하도다.

이는 손병희의 강연회를 듣고 천도교에 대한 이미지를 소개한 것으로 보인다. 손병희는 환국 후 독립관에서 강연을 한 바 있었다.

뿐만 아니라 『대한매일신보』는 1906년 2월 8일자에 「동학론」이라는 논설을 통해 손병희와 천도교에 대한 관심을 표명하였다. 그 내용인즉 손병희가 '이상헌'이라는 이름으로 일본에 망명한 지 6~7년 만에 본명 '손병희'로 바로 잡고 천도교 대도주라 한 후 본국으로 돌아왔다. 천도교인은 전국에 흩어져 있는데 2백만 명 정도이다. 앞으로 천도교당을 건축할 것인데, 예산은 3백만 원이고 정부의 고위관료 중 4~5명이 곧 천도교에 입교할 것이다. 손병희는 무교 앞 다동 하긍일의 집을 사서 사저로 마련하였고, 임시사무소는 수표교의 민영철의 집으로 정하고 집무를 시작하였다. 작일(2월 7일) 광무학교와 각 신문사에 2백 원 또는 1백 원을 기부하였다. 이어 2월 14일자에는 「손병희씨 열심교육」이라는 논설을 게재하였다.

그러나 환국 후 손병희는 무엇보다도 천도교의 종무를 담당할 수 있는 기관 설치를 최우선으로 하였다. 즉 교당의 건축과 종무행정을 담당할 중앙총부의 설치였다. 이에 손병희는 민영철의 집을 매입하여 교당 겸 임시사무소로 정하였다. 이로써 손병희가 대고천하한 이후 공식적으로 천도교의 첫 종무를 한 것으로 평가할 수 있다.

중앙총부 설립에 이어 천도교는 서울에 7개의 전도실을 설치하였다. 7개의 전도실을 설치하였다는 것은 천도교에 입교하는 사람이 적지 않았음을 상징적으로 보여주는 의미라고 할 수 있다. 그만큼 천도교에 대한 사회적 인식이 동학 때와는 많이 달라졌음을 알 수 있다. 서울이 마치 천도교 세상과 같았다. 『대한매일신보』 2월 23일자에 의하면 "천도교는 7개소의 전도실을 배치하고 천도를 선포하여 '시천주 조화정 영세불망 만사지'를 가가家家에 좌송坐誦하니 한국 인민은 천도국天道國 인민으로 승차陞差하였나"라고 할 정도로 서울 시내에 천도교인의 주문소리가 크게 울렸던 것이다.

16 천도교, 근대 종교의 틀을 갖추다

뉴스메이커가 되다

일본에서 손병희가 환국하자 당시 언론들은 손병희에 대한 적지 않은 관심을 가졌다. 시쳇말로 '뉴스메이커'였다. 부산에 도착하여 서울까지 오는 동안 일거수일투족을 취재하였다. 뿐만 아니라 그동안 국내에 알려지지 않았던 손병희에 대해 활동 내력을 소개하기도 하였다. 『황성신문』 1906년 1월 29일에 의하면 손병희를 다음과 같이 소개하고 있다.

작일 귀국한 손병희 씨는 본대 호중인물로 재략이 특이하여 최법헌 이후 동학의 영수가 되어 전국 동학하는 사람이 한 번 보지도 못한 자라도 앙모하여 감복치 않는 자 없는지라. 일본에 건너간 지 여러 해에 학원 사오십 명을 데려다가 각항 학문을 교수하고 또 일아개전(러일전쟁) 초에 군비 5만 원을 일본군용으로 보조하고 이번 일진회에도 은연 중 손씨의 주선이라 하며, 이번 나오기는 천도교의 대교주로 그 교를 흥왕케 할 목적인 듯하더라. 세상 사람이 손씨의 사정과 천도교의 근본이 동학인 줄 아는 자 없어 묻는 사람이 많기로 대강 설명하노라.

이 기사에 의하면 손병희는 최시형 이후 동학교단의 최고 책임자였으며, 동학이 곧 천도라는 것을 밝혀주고 있다. 이처럼 동학이 천도교라는 것이 알려지자 천도교에 대한 관심도 높아졌다. 그리하여 『황성신문』은 「손씨와 종교」라는 논설을 통해 천도교에 대한 소개를 하였는데, 주요 내용은 동학이 천도교라는 것과 동시에 앞으로 손병희가 천도교의 교세를 크게 확장할 것이라는 것을 밝히고 있다. 이와 같이 손병희와 천도교의 동향을 취재하는 것은 이른바 '은도시대'라고 불렸던 동학시대를 벗어난 근대종교로서의 사회적 가치를 인정하였다는 점이다.

일본에서 환국한 손병희는 천도교를 근대적 종교의 틀을 갖추기 위해 교단을 정비하기 시작하였다. 그 첫 번째 작업이 종령宗令의 반포였다. 종령은 대도주 명의로 발표되는 공식적인 공문인데, 오늘날 중앙총부에서 지방교구에 발송하는 공문서라 할 수 있다. 1906년 2월 1일 첫 반포된 종령은 년 단위로 반포 호수를 매겼는데, 이해 12월 26일까지 60호까지 발행되었다. 그리고 이 종령을 통해 점차 근대종교로서의 모습을 갖추게 되었다.

종령 1호는 천도교의 포덕은 천리와 인사에 부합한 것이며, 인류상 공인을 받은 것을 밝히고 있다. 뿐만 아니라 망명생활 동안 근대적 종교를 경험함에 따라 근대적 종교제도를 갖출 것을 천명하였다. 또한 천도교의 성령 수련의 목적이 인류사회의 진리인 품행을 단정케 하는 것임을 아울러 강조하였다. 그러므로 교인은 사회적으로 정당한 규칙을 준수할 것과 자신의 일에 충실하는 것을 당부하고 있다.

이어 이날 종령 2호도 반포하였는데, 중앙총부 임직원의 선임 기준에 대하여 밝혔다. 우선 성경신법誠敬信法 사과에 정통한 교인은 현기사玄機司에, 천연한 성품을 가지며 문명에 관한 외교와 국내정세에 잘 아는 교인은 원직과 주직에 적합하다고 하였다. 나아가 천도교대헌에 따라 천도교를 운영할 것을 밝히고 있다. 종령 3호는 천도교의 입교식의 절차에 대해 규정하였고 종령 4호는 교인 신분금身分金에 대해 규정하였다.

마지막으로 제5호로써 천도교대헌을 공포하였다. 대헌 공포가 가지는 의미는 그동안 관습법에 의해 운영되었던 교단을 이제는 성문법에 의해 적용한다는 점이다. 이로써 근대적 법 체제를 교단에 적용하게 되었다. 대헌은 오늘의 의미로는 교헌敎憲이다. 천도교대헌은 구체적으로 교단이 운영해야 할 항목을 설정하여 세세하게 규정하였다.

중앙총부 임직원을 선임하다

천도교중앙총부를 설립한 손병희는 중앙총부를 운영하고 이끌어 갈 직원이 필요하였다. 중앙총부가 설립되기 전에도 교단은 조직을 갖추고 있었다. 특히 해월신사는 육임제를 설치함으로서 교단 조직의 틀을 갖추기 시작하였다. 그러나 근대적 종교의 틀을 갖춤으로써 천도교는 명실상부하게 기관중심으로서 교단을 운영하게 되었다.

초기 중앙총부 임직원의 기준은 다음과 같았다. 현기사에 적합한 인

천도교중앙총부와 임직원들(앞줄 오른쪽에서 다섯 번째 부채를 든 손병희)

물은 진리를 넓게 익히고 성경신법誠敬信法 4과에 정통한 사람으로, 주직과 원직에 적합한 인물은 문명에 관한 외교 및 국내 지리, 정세를 잘 아는 사람으로 한하여 자격을 정하였다. 또한 중앙총부 설립 당시 원직은 천선天選, 도선道選, 교선敎選으로 구분하였다. 천선은 성령을 수련하여 성경신법 4과에 정통한 사람으로 성도사誠道師, 경도사敬道師, 신도사信道師, 법도사法道師였다. 도선은 신교인信敎人의 자격을 준하여 교장敎長, 교수敎授, 도집都執, 집강執綱, 대정大正, 중정中正 등으로 기존의 육임제를 그대로 활용하였다. 그리고 교선은 관장하는 교인 수에 따라 대대령大大領, 중대령中大領, 소대령小大領을 각각 정하였다.

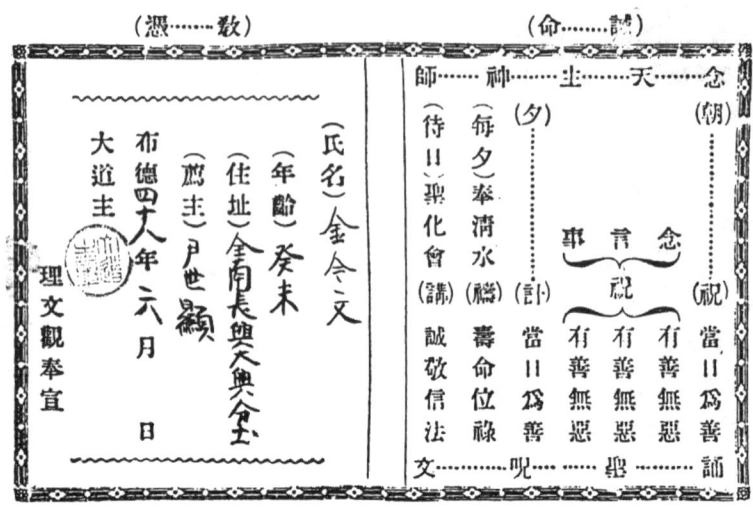

천도교인을 증명하는 교빙

　　이상의 기준에 따라 손병희는 1906년 2월 10일 다음과 같이 중앙총부의 임직원을 선임하였다.

성도사　김연국
교　장　박인호
교　수　이용구·오세창
도　집　홍병기·권동진
집　강　이용훈·양한묵·조동원
대　정　엄주영·권병덕·이병호·임순호·이겸제
중　정　송병준·김현구·한기준

장　실　좌봉도　　임순호
　　　　　우봉도　　양한묵(겸임)
현기사　현기사장　　김연국
　　　　　고문과원　　박인호·이용구·홍병기·이종훈·엄주영·송병준
　　　　　진리과원　　양한묵
이문관 관장　　오세창
　　　　　서적원　　권병덕·한기준
전제관 관장　　권동진
　　　　　심사원　　이병호
금융관 관장대리　　김현구
　　　　　금고원　　김현구
서응관 관장대리　　조동원
　　　　　서무원　　조동원
　　　　　교섭원　　이겸제

　이와 더불어 중앙총부는 서울 시내에 여섯 개의 전교실을 설치하였다. 명칭은 별도로 정하지 않고 제1전교실, 제2전교실, 제3전교실, 제4전교실, 제5전교실, 제6전교실 등으로 일련번호에 따라 이름을 붙였다. 이와 함께 각 전교실 별로 전교사를 선임하였는데, 육임의 추천에 따라 선임하였다.
　이처럼 중앙총부가 육임 등 원직과 주직이 갖추어지자 전국 교인들을 수합하기 위해 교빙敎憑을 갖도록 하였다. 교빙은 각 교령의 연원 수

량에 따라 연번호로 발행하였다. 교빙에는 번호, 성명, 연령, 주소, 교구, 천주를 기록하였으며 이문관에서 발급하였다. 지역에 따라 교빙 수합의 기간이 달랐는데, 경기도와 황해도는 1개월 이내, 충청남북도와 전라남북도, 경상남북도, 평안남북도, 강원도는 1개월 반 이내 그리고 함경남북도는 2개월 이내 처리하도록 하였다. 이러한 기준은 중앙총부와의 거리 및 교통 사정을 참작하여 정한 것으로 보인다. 당시는 오늘날처럼 교통이나 통신이 발달하지 않았기 때문에 시간을 조정하였다. 이와 더불어 중앙총부는 입교식의 예폐를 준비하도록 하였다. 이러한 예폐는 입교식을 위한 경건함을 징표로 삼고자 한 것으로 추정된다. 대신사와 최시형 때에도 입교를 할 때는 비단과 종이를 갖추도록 하였는데, 그 전통을 이은 것으로 보인다.

종교의례와 교리를 정비하다 17

전교규례 등을 정하다

손병희에 의해 천도교는 중앙총부를 설치하고 원주직을 임명하는 동안 교단은 종령을 반포하면서 근대적 종교의 틀을 갖추어갔다. 이어 손병희는 전교규례傳敎規例, 입교식, 성주문, 치성식 등을 종교의례를 근대적으로 정비하였다.

중앙총부를 설치하기 전인 수운 최제우 시절에는 포덕식, 입도식, 치제식, 제수식 등이 있었다. 그리고 이를 기초로 하여 손병희는 그 시대에 맞도록 의식을 정비하였다. 우선 전교규례부터 살펴보자. 전교규례는 기존의 포덕식과 같은 의미를 가지고 있는데, 예전 포덕식은 "입도를 원하는 사람은 먼저 입도할 사람이 도를 전할 때 옷차림을 단정하게 하고 예절을 다해 받을 것"이라고 간단하게 규정하였다. 새로 규정한 전교규례는 전교사가 포덕의 중심이라고 할 수 있다. 전교사가 전교할 장소인 전교실을 임시로 정하는데, 이는 교당이나 특정한 장소가 정해진 것은 아니었던 것으로 보인다. 전교사는 천도교의 진리 즉 교리에 정통해야 할 뿐만 아니라 품행도 단정한 교인으로 선임되었다. 그런 점에서 본다면 전교사는 천도교 교리에 해박하고 모범적이어야 했다.

천도교에 입교할 사람이 있으면 교인 중에서 입교할 사람을 추천하면 되는데, 이름과 나이, 그리고 주소를 해당 교구의 육임에게 통보하여 인준을 받아야 한다. 육임은 원직에 해당하였는데, 성도사, 교장, 교수, 도집, 집강, 대정, 중정 등이었다. 그리고 육임은 현기사가 관장하였다.

그러면 육임이 이를 전교사에게 통보하면 된다. 전교사는 전교식을 할 수 있는 장소 즉 도장을 마련한 다음 전교식을 하고 수교인에게 천도교인의 교리를 설명하였다. 전교식을 할 때 준비하는 예폐는 수교인의 생활수준 정도에 따라 준비하면 된다.

최제우 시절의 입교식은 "입도할 때는 동쪽이나 북쪽으로 위패를 마련하고 정성을 다해 의식을 행하며, 향을 사르고 네 번 절한 뒤에 초입자가 외는 주문을 공경하며 받을 것"이었다. 이에 비해 손병희는 입교식은 속예폐束禮幣, 전청수奠淸水, 분향焚香, 독입교문讀入敎文, 성주문聖呪文 3회병송三回竝誦, 청수봉삽淸水奉臿 순으로 정하였다.

입교식을 할 때는 전교사와 수교인이 몸을 정결하게 하고, 입교식은 교무에 익숙한 교역자로 하여금 하도록 하였다. 입교식장은 동쪽을 향하여 청수 앞 좌우에 촛대를 설치하고 그 앞에 예폐를 두었다. 그리고 예폐 왼쪽에는 향로를 놓았다. 예폐는 공함으로 정하였는데 비단 1필, 백목 2필, 백지 2권이었다. 전교사와 수교인이 자리를 하는데 남쪽에는 전교사, 북쪽에는 수교인이 자리하되 동쪽을 향하여 무릎을 꿇고 앉았다. 이어 전교사가 향로에 향을 사른 다음에 수교인을 향하여 입교문을 해설해준 다음 입교문을 봉독한 다음 수교인에게 성주문 3회를 병송하도록 하였다. 입교식은 과거 절 네 번 하는 것에 비하여 좀 더 복잡해졌지만 보다 구체적으로 절차를 통해 규모화되었다고 할 수 있다.

성미제도인 신분금을 정하다

입교절차를 새롭게 마련한 손병희는 교당건축과 교단의 운영비용을 위해 신분금을 제정하였다. 신분금을 제정한 목적은 교당의 건축과 중앙총부의 운영이었다. 손병희가 신분금을 제정한 것은 근대적 종교로 전화하면서 설치한 중앙총부 즉 기관을 운영하는데 무엇보다도 운영자금이 필요하였다. 예전에는 교인들이 제공하였던 치성금이 있었지만 이는 손병희 중심의 개인적 차원에서는 가능하였다. 하지만 중앙총부라는 기관을 설치하고 이곳에서 일하는 교역자 즉 원주직에게는 적정한 임금을 제공해야만 했다. 이를 위해서는 서구종교에서 활용하고 있는 십일조라는 기부금제도를 수용할 수밖에 없었다. 이에 따라 오늘날의 성미제도라 할 수 있는 신분금제도를 만들었던 것이다.

 신분금은 부인 남자를 막론하고 나이는 15세 이상의 교인이면 누구나 해당하였다. 신분금을 주관籌辦하는 방법은 두 가지가 있었다. 매 식사를 준비하면서 한 숟가락씩 쌀을 모아 두었다가 이를 납부하거나, 1개월 일을 하면 이 가운데 3일간의 임금을 납부하는 것이다. 그리고 이처럼 신분금을 내는 것은 교인이면 삼척동자라도 명확히 알 수 있는 것이라고 하였다. 나아가 중앙총부는 '교문敎門의 기본지基本地'라고 하여, 무엇보다도 교당을 건립하기 위해서 신분금을 철저히 납부하도록 하였다. 이러한 신분금은 성미제의 효시라 할 수 있다.

이와 같이 절차를 차근차근 마련한 손병희는 성주문에 대한 연구를 게을리 하지 말 것을 당부하였다. 천도교는 안으로는 덕성을 함양하고 밖으로는 품행을 단정히 하여 천리인사에 정당한 궤도를 실천하는 것이 본지라고 하였다. 때문에 성주문을 연구하도록 하였다. 이를 위해 첫째 성심으로 도를 수양할 것, 둘째 사람을 경애함은 한울을 섬기는 것과 같이 할 것, 셋째 국가의 법률과 인도人道의 규칙을 신수信守할 것, 넷째 교외인을 강박하여 교문에 입교시키지 말 것 등을 헤아려 지키도록 하였다.

종지는 '천인 양방의 융합'

입교식과 치성식 등 종교의례를 정비한 손병희는 천도교의 핵심이라고 할 수 있는 '천도교설天道敎說'과 '천도교규天道敎規', '천도교天道敎 이력履歷' 등을 제정 반포하였다. 천도교설은 종지, 범위, 목적, 율문律文, 권도문 등으로 구성되었으며, 천도교규는 입교의식, 서천의식, 영세의식永世儀式, 신분, 정련正鍊, 정자正資 등의 순으로 짜졌다. 이중 천도교설의 내용은 다음과 같다. 첫째 종지宗旨이다.

오교吾敎는 천天의 원소元素로써 인人이 활족계活族界에 중요 위치를 점유

한 이상理想과 인人이 천天의 직접 관계에 기인하여 영靈과 신身이 활족계에 특질이 있는 정적情迹을 섭합攝合하여 굉통宏通한 대문로大門路를 개개開開한 것이니, 지의旨義는 천인 양방天人兩方의 융합적融合的이요, 효과는 인人의 감각력感覺力이 무장霧障 중에 투발透發하여 천광지척天光咫尺에 용지勇至 함이라.

이에 의하면 천도교의 종지 즉 지의旨義는 '천인 양방의 융합'이라고 할 수 있다. 그리고 효과는 사람의 감각력이 우리의 삶을 가로막는 어둡고 앞을 제대로 분간할 수 없는 안개와 같은 상태 즉 '미혹'의 세계를 투과하여 천광에 이르는 것이라고 하였다.

손병희가 '인내천人乃天'이란 용어를 언제부터 사용하였을까? 인내천이라는 용어는 1907년에 간행된 『대종정의』에서 처음으로 언급하였다. 『대종정의』에 '대신사는 오교의 원조라. 그 사상이 박博으로 종從하여 약約에 지至하니, 그 요지는 인내천'이라고 하였다. 여기에서도 엄밀하게 본다면 종지가 아니라 '요지'라고 하였다.

이러한 측면에서 본다면 중앙총부가 설립되고 의식과 교리를 정비하는 과정인 1906년 2월에 정리한 천도교설에서는 종지를 '인내천'으로 확립하지 않았던 것이다. '천인 양방의 융합'과 '인내천'이 의미상으로는 상통한다 할지라도 좀 더 명확하게 고찰해 볼 필요가 있지 않을까 한다.

둘째는 천도교의 범위인데, 다음과 같이 규정하였다.

오교는 천天의 대언代言이라. 천은 인계만구人界萬區를 주포周包한 것이오.

주포를 내면內面에 있는 17억 인은 우리의 등족等族이니, 오교를 창인唱引하여 함께 영계靈界에 전지前至하기는 오교의 본분本分이라. 고로 세계전구世界全球는 오교 범위 내에 있음이라.

천도교의 범위는 '세계전구' 즉 전 세계가 천도교의 포교 대상이라고 할 수 있다. 당시 전 세계의 인구가 17억이었는데, 이들을 영계에 이르게 하는 즉 천도교에 입교시키는 것이 본분이라고 하였다. 따라서 전 세계가 천도교의 범위 안에 있는 것이다. 민족종교라는 틀을 벗어난 당시의 천도교의 넓은 뜻을 알 수 있는 대목이다.
셋째는 천도교의 목적으로, 그 내용은 다음과 같다.

오교는 영靈과 신身을 쌍방지호雙方持護한 것이라. 영은 신에 택宅하여 각 혜覺慧를 공공供供하며 신은 영을 구具하여 능력을 시試 하나니, 영과 신이 일一을 유遺하면 이는 경공境空이라. 영은 세계 신공기新空氣를 흡취吸取하며 신은 사회 대사업大事業을 발달하여 만방인족萬方人族이 공共히 대안大岸에 추등趨登할 목적이니라.

천도교의 목적은 무엇일까. 요즘에는 천도교의 목적을 포덕천하·광제창생·보국안민·지상천국건설이라고 하지만 당시에는 세계의 새로운 문명을 받아들여 이를 사회의 대사업으로 발달시켜 모든 사람을 천도교로 이끄는 것이 목적이었던 것이다. 이 역시 교리가 체계화되지 않았음을 보여준다.

천도교 교리강습소 졸업생과 함께 한 손병희(두번째 줄 오른쪽 다섯번째)

끝으로 율문이 있는데, 천도교의 율문은 '정적은 교문대헌에 있는 것'이라 하여 교헌에 있는 것을 충실히 지킬 것을 규명하였다. 교헌에는 교인들이 지켜야 할 것들을 잘 정리해 놓았다. 이외에도 권도문이 있다. 권도문은 교정분리에 따른 퇴회신교退會信教 즉 일진회를 탈퇴하고 천도교에 귀의한 교인들을 위해 작성한 것이다. 이 권도문은 훗날 손병희가 지은 권도문과는 그 내용이 크게 다르다.

한편 손병희는 '천도교 이력'을 정리하였는데, 여기에는 수운 최제우, 해월 최시형, 의암 손병희로 이어지는 종통의 승계를 통해 천도교의 정통성을 밝히고 있다. 이 밖에도 천도교는 전 세계를 대상으로 하고 있으며, 사회적 국가적으로 규칙을 지키는 종교임을 강조하였다. 이는 그동안 정부로부터 '사도邪道' 내지 '이단異端'으로 탄압받고 피해를 당하였던 과거를 극복하고 근대적 종교임을 밝히고자 하는 의지를 드러낸 것이라 할 수 있다.

이상과 같이 손병희는 근대화 작업을 통해 한말 당시 천도교인으로서 지켜야 할 덕목과 규례 등을 마련하였고, 문명인의 자격을 갖도록 하였다. 그럼에도 아직 미진한 부분이 없지 않았다. 특히 중앙총부가 설립되고 교헌을 제정하여 기관중심으로 교단을 운영하고자 하였지만, 전근대적 의식에서 벗어나지 못해 여러 가지 어려움이 없지 않았던 것이다. 그래서 손병희는 '중앙총부'라는 기관중심의 중요성과 각 관의 업무를 간략하게 인식시켜야만 했다. 이에 손병희는 옛 연비의 열등자격을 소멸시키고 연비를 관장하던 교령의 자격을 중앙총부에서 직접 공변하게 처리하도록 하였다.

그뿐만 아니라 손병희는 중앙총부의 기구인 각 관의 업무도 간단명료하게 분장하였는데, 현기사는 성령性靈을, 이문관은 문첩文牒을, 전제관은 율문律文을, 금융관은 재정을, 서응관은 서무에 관한 종류種類를 교섭하는 것을 각각 정하여 교인이나 교역자들로 하여금 착오가 없도록 하였다.

인쇄소 박문사를 설치하다 18

근대의 산물, 인쇄 시설을 도입하다

'인쇄'란 판 위에 잉크를 묻혀 압력을 가해 복제하는 일을 의미했으나, 최근에는 이러한 본래의 개념에서 벗어나 잉크와 압력을 사용하지 않고 인쇄하는 방법도 포함한다. 인쇄술은 정보의 저장과 전달에 크게 이바지해왔으며, 15~16세기 신대륙 발견 시대의 산물인 동시에 근대사회를 여는데 앞장서 왔다. 초기의 인쇄술은 한국 등의 동북아시아에서 먼저 개척되었다. 그러나 유럽의 알파벳이 중국의 한자보다 활자화하는데 용이해짐에 따라 15세기에 이르러서는 유럽이 인쇄술 분야에서 동북아시아를 앞서게 되었다.

인쇄는 전근대사회에도 크게 활용되었지만 근대사회를 열어가는 데 적지 않은 기여를 하였다. 우리나라의 경우 인쇄술이 발달하였으며, 세계 최고의 금속활자를 개발하기도 하였다. 그러나 우리나라를 비롯한 동양의 인쇄는 '정보의 전달'이라는 근대적 인식보다는 '기록의 저장'이라는 한계를 보이고 있다. 그렇기 때문에 세계에서 최초로 금속활자를 발명하였으면서도 사회적 영향에 대해서는 적지 않은 한계를 가지고 있다. 이에 비해 서양 최초의 금속활자로 인정받고 있는 구텐베르크 활자는 인쇄를 통해 정보를 전달·확산시키면서 근대사회를 앞당겼다는 평가를 받고 있다.

특히 자형·원형·납을 사용해 대량으로 동일한 활자를 주조하는 기술과 인쇄기는 유럽 활판인쇄술의 발명에 기여한 두 가지 요소이다. 논란의 여지는 많지만 이 요소의 발명가는 독일의 구텐베르크로 생각된다. 최초의 활자는 황동과 같은 연한 금속에 자형을 새기고, 납을 자형에 부어서 모형母型을 만들며, 모형에 합금을 부어서 활자를 제조했다. 각 활자는 오늘날과 같이 납·주석·안티몬 합금을 이용해 만들었다. 1475년경 페터 셰퍼가 강철자형을 이용해 구리모형을 제작하기 시작해 19세기 중반까지 지속되었다. 활판인쇄 과정은 문선공이 원고의 지시대로 활자를 활자상자에서 한 자씩 골라내는 채자採字, 문선한 활자들을 조판막대를 이용해 원고대로 짜맞추는 조판, 조판한 활자를 교정하는 정판整版, 인쇄 후에 활판을 풀어 활자상자의 제자리에 넣는 해판解版으로 구성되었다.

초창기의 인쇄기는 바인딩 프레스binding press에 약간의 변형을 가해 만든 것으로, 고정된 판반版盤과 웜 나사worm screw로 상하운동을 하는 압반壓盤으로 이루어졌다. 이 인쇄기의 사용으로 양면 인쇄와 더욱 선명한 인쇄가 가능해졌다. 그 후 이동형 판반을 도입해 종이에 인쇄한 후 조판에 잉크칠을 할 수 있게 되었다. 피치pitch가 큰 3~4개의 나사산을 가진 웜 나사를 사용해 작은 압력으로도 압반을 들어 올릴 수 있게 했다.

일본에서 망명생활을 하던 손병희를 매료시킨 것 중 하나가 신문이었다. 우리나라는 1883년 10월 정부에서 박문국博文局을 설치하고 최초의 근대적 신문을 발간한 일은 있었지만 대중화가 될 정도는 아니었다. 『한성순보』의 내용은 크게 관보적 성격의 내용과 개화사상을 담고 있는 내용으로 구분할 수 있다. 정부기관에서 발행된 『한성순보』는 국왕의 명령이나 지시, 정부의 각종 결정사항, 관리의 임면사항 등 국내정치에 관한 기사를 첫머리에 게재함으로써 관보적 성격을 우선으로 했다. 이밖에 국민들에게 개화사상을 고취시키기 위해 서양의 문물과 제도, 외국의 사정·지리·과학에 관한 기사들도 높은 비중을 차지하고 있다. 이처럼 관보적 성격과 근대사상을 보급하던 『한성순보』는 순한문으로 발행되어 독자층은 주로 중앙 및 지방의 관리들과 한문을 해독할 수 있는 양반계층에 한정되었다. 더욱이 『한성순보』는 창간 14개월 만에 폐간되었다. 이후 『한성주보』가 이를 대신하였지만 신문이 일반인에게까지 대중화되기에는 한계가 있었다.

인쇄소 박문사를 설치하다

손병희는 신문에 대한 새로운 인식을 가졌으며, 망명생활에서 인쇄와 신문의 중요성을 다시 한 번 인식하였다. 손병희는 1906년 1월 망명생활을 청산하고 환국할 때 활자 등 인쇄시설을 가져왔다. 이 해 2월 중앙총부를 설립한 후 조직과 의례, 그리고 교리를 정비한 후 인쇄소를 설치하였다. 바로 박문사博文社이다.

> 교문教門에서 인민人民의 지식智識을 유명牖明하며 국가國家의 문화文化를 보익輔益하기 위하여 활판소活版所를 영설另設하니, 오교吾教의 일관건一關鍵이라. 해소該所 규칙規則을 약구공선略具公宣하니, 중앙총부원中央總部員은 차의此意를 체體하여 그 확장擴張할 방편方便을 연구研究하며 현선現宣한 약칙略則에 대조對照하여 그 미비未備한 세칙細則을 작의상정酌宜商定함을 가함.
>
> 우자右藉 이문관장理文觀長 오세창吳世昌 전칙轉飭
>
> 포덕 47(1906)년 2월 27일
>
> 대도주

활판소 즉 인쇄소의 이름을 '박문사'라고 한 것은 대한제국이 근대적 신문을 처음으로 발행한 '박문국'에서 비롯된 것으로 판단된다. 또 '박문博文'이란 '널리 들어 많이 알다'는 의미를 지니고 있기도 하다.

손병희는 '인민의 지식을 유명하며 국가의 문화를 보익'하기 위하여 활판소를 설치하였다. 교인을 포함하여 일반 국민에게 천도교의 교리와 근대적 지식을 밝게 인도할 뿐만 아니라 나아가 국가의 문화를 바르고 유익하게 하기 위한 것이 목적이었다. 사실 일본에서 귀국한 손병희는 당시 언론과 국민계도에 대해 많은 관심을 가지고 있었다.

묵암 이종일이 발행한 『제국신문』은 1906년 2월 2일자에 "천도교주 손병희 씨가 작일에 신화 1백 원을 본사에 보내며 신문이 나라의 기관이라 이 열리지 못한 시대에 인민 개도하는 직책을 맡아 고심 열성하는 것도 감사하거니와 응당 경비가 군졸할 터이니, 만일 지비를 보용하라 하였다더라"라는 기사를 게재한 바 있다. 이것으로 손병희가 언론의 중요성을 인식하고 있었을 뿐만 아니라 국민을 계몽하고 지도하는 데는 신문을 포함한 인쇄물이 무엇보다도 필요하다고 판단했던 것을 알 수 있다.

이와 같은 인식에 따라 박문사는 교단의 가장 중요한 기관 중 하나로 인식할 정도였다. 즉 박문사는 '오교吾敎의 일관건一關鍵'이라고 하였다. 박문사를 설치할 즈음하여 일반 언론계에서는 천도교의 인쇄소와 관련된 동향을 여러 차례 소개한 바 있다. 묵암 이종일이 발행하던 『제국신문』에서는 "천도교주 손병희 씨는 장차 그 교회 중 기관 신문을 발행하기로 준비 중이라더라"라고 하여 신문을 발행하기 위해 인쇄소를 설치할 것이라는 기사를 게재하였다. 이는 손병희가 일본에서 귀국할 때 이미 계획하였던 것을 그대로 실행에 옮긴 것이라 할 수 있다.

홍병기

박문사는 이해 5월 중순 박문사는 보문관普文舘으로 재설립되었다. 당시 『대한매일신보』와 『황성신문』에 광고한 내용은 다음과 같다.

본관本舘은 대자본大資本을 특출特出 ᄒ야 운전기기運轉機械와 각양활자各樣

천도교에서 발행한 『만세보』

活字를 일신준비一新準備하여 물론無論 하서적何書籍ᄒ고 민속정쇄敏速精刷할 터이오니 서적출판書籍出版에 유의有意하시는 강호첨군자江湖僉君子는 조량照亮하시옵.

남서南署 회동會洞 85통八十五統 4호四戶

보문관장普文舘長 홍병기洪秉箕

총무總務 오태환吳台煥

이 광고에 의하면, 천도교단에서 처음으로 설립한 인쇄소 박문사는 3개월 만에 문을 닫고 보문관으로 새롭게 출발하였다. 그리고 조직의 변화도 보이는데, 박문사 시절 감독과 간사의 직책이 총무로 통합된 것으로 보인다. 보문관 사장은 홍병기로, 도호는 인암仁菴이며, 경기 여주 출신으로 동학혁명에 참가하였으며, 훗날 3·1운동 「독립선언서」에 서명한 민족대표의 1인이다.

손병희는 여기서 그치지 않고 『만세보』라는 신문을 발행하였다. 『만세보』는 국내 최초의 대판형 신문으로 발행되었으며, 한자 옆에 한글로 '루비'를 붙여 일반 민중도 구독할 수 있도록 배려하였다. 『만세보』의 사장은 오세창, 주필은 이인직이었다. 특히 『만세보』는 이인직의 「혈의 누」과 「귀의성」 등 신소설을 연재하여 현대문학의 효시를 이루었다.

19 민족교육운동에 나서다

손병희의 교육열을 칭송하다

일본에 10여 년 계시다가 이번 달 초에 귀국하시니 모든 국민이 그가 어디에 뜻을 두고 활동하실 것인가 주목하였다. 근래에 들리는 소문에 의하면 손씨가 국민의 우매함을 한탄하여 민지民智를 개발할 것에 전념하여 경성과 각 지방의 향촌을 막론하고 널리 학교를 설립하여 교육을 권장할 터인데 우선 설립학교가 수백 소에 이른다 하니 우리는 감사하고 경하하는 마음을 이길 수가 없다. 오늘날 우리 대한은 교육이 무엇보다도 급선무임을 누차 강조하는 바이었으나 자본이 없고 사람이 없음을 늘 한탄하여 왔다. 하여 교육이 중요하다는 말뿐, 그 실천의 뒷받침이 없을까 두려워하였는데 오늘에 씨가 능히 거금을 투자하여 전국의 교육을 크게 일으키려 하니 진정한 애국지사이라. 우리 대한제국의 흥함이 손씨 열성의 결실에 달려 있음을 알겠다.

『황성신문』 1906년 2월 14일자에 게재된 손병희 관련 논설

   이 글은 『황성신문』 1906년 2월 14일자의 논설의 내용이다. 손병희는 일본에서의 망명활동을 청산하고 귀국하였을 때부터 화제가 되었다. 그리고 모두들 그가 앞으로 무엇을 할지 주목하였다. 손병희의 능력과 포부를 알고 있는 국민들은 손병희가 국내에 들어와 교육사업을 한다는 소식을 듣고 교육이야말로 조선의 가장 중요한 일이라며 기뻐하였다.

   손병희는 일본에 머물면서 무엇보다 교육의 중요성을 뼈저리게 느꼈다. 젊은 동량들을 잘 가르치는 일이야말로 장차 이 나라를 구할 수 있는 근본적인 대책이라 인식하였다. 손병희는 일본에 있을 때 이미 교단의 유능한 젊은이를 두 차례나 데려가 유학을 시킨 바 있었다. 한국 현대문학의 선구자인 춘원 이광수李光洙도 바로 이때 천도교에서 보냈던 유학생 중의 한 명이었다.

   그 당시 뜻있는 많은 사람들은 우리나라가 일본과 서구열강들의 침략 대상이 되어 곤욕을 치르고 있는 이유 중의 하나를 교육이 뒤떨어졌기 때문이라 생각했다. 그래서 늦은 감이 있더라도 서둘러 교육을 널리

보급하여 인재를 양성하는 길이 바로 나라를 구하는 길임을 주장하였다. 그 정도로 교육은 당시 전개되었던 애국계몽운동의 중요한 방략이었다. 이 시기 유행하였던 창가 가사나 신문 논설 등을 보면 그 당시 지식인이나 일반인들이 얼마나 교육의 필요성을 강조하였는지 잘 알 수 있다. 정부에서 최초로 제정한 학교 창가의 가사에서도 대한제국의 부강함은 국민교육에 달려 있다고 밝히고 있다.

대한제국 광무일월光武日月 부강안태富强安泰는
국민 교육 보급함에 전재專在함일세.
운동할 때 운동하여 체육 힘쓰고
공부할 때 공부하여 지식 넓히세.

하지만 사회의 전체 분위기가 교육을 중시하는 것은 사실이었지만 실제 교육 여건은 그리 좋지만은 않았다. 학교 시설이 군색하고 학교를 경영할만할 정도 내실이 없었다. 구국의 길이 교육이라고 외쳤지만 정작 학교를 설립하고 지원하거나 경영하는 인물은 드물었다. 이러한 상황에서 손병희가 교육운동에 적극 나선다는 것은 매우 흥미로운 일이었을 뿐만 아니라 관심의 대상이었다.
　천도교 교주였던 손병희는 보성학교와 동덕여학교를 비롯하여 문창학교, 보창학교, 양영학교, 창동학교 등 당시 경영난에 빠져 있던 20여 개의 사립학교에 일정액의 후원금을 매달 지원하였다. 그중에서도 당시 최대의 사립전문학교였던 보성학교와 동덕여학교의 인수와 경영에서 보여준 손병희의 태도는 그야말로 교육구국의 바른길을 제시해 준 본보기라 할 수 있다. 특히 손병희는 최고의 사학명문인 보성전문학교를 존폐의 위기에서 살렸을 뿐만 아니라 우리 민족의 교육 정신까지 살렸다.

보성학교와 동덕여학교를 인수하다

보성학교는 원래 이용익이 설립한 교육기관으로 소학교·중학교·전문학교로 나누어져 있었다. 보성학교는 이미 명문 사립으로 알려졌으나 교주 이용익이 블라디보스토크로 망명하고 그의 손자 이종호가 잠시 경영을 맡았다. 1910년 8월 29일 경술국치를 당하자 이종호마저 블라디보스토크로 망명함에 따라 보성학교는 심각한 경영난에 빠지게 되었다.

 이 소식을 들은 손병희는 곧바로 후원금을 내어 보성학교를 살리려고 하였다. 그러나 보성학교는 워낙 규모가 크고 부채도 많아서 쉽지가 않았다. 손병희는 우선 1만여 원의 부채를 아무런 조건 없이 갚아주기로 작정하였다. 그렇지만 부채 청산만으로는 학교의 정상화가 불가능하였다. 천도교인이면서 당시 주인도 없는 보성학교를 맡아 고심하고 있던 교장직무대리 윤익선尹益善은 손병희와 같은 훌륭하고 능력 있는 인물이 보성학교를 맡아 경영하는 것만이 보성학교를 발전시키는 길이라 생각하였다. 윤식선은 결국 손병희를 찾아가 보성학교의 인수 경영을 제의하였다.

 평소 직접 교육사업을 해보는 것이 꿈이었던 손병희는 윤익선의 제의를 흔쾌히 받아들였다. 손병희는 보성학교를 통하여 그 자신 교육에

보성학교 전경

대한 열성과 꿈을 마음껏 펼쳐 볼 심산이었다. 보성학교를 인수한 손병희는 천도교단을 통해 볼품없는 옛 교사를 헐고 목조 2층 건물로 새로 교사를 신축하는 한편 전문학교를 따로 떼어 낙원동에 새 교사를 마련하였다. 또한 학생들의 수학여행에 드는 경비 일체를 천도교단에서 후원해 주기도 하였으며, 손병희 자신이 직접 보성학교 학생들과 함께 원목회를 하기도 하였다. 그러한 가운데서도 손병희는 학교운영에 있어서 전혀 간섭하지 않았다. 보성학교 인수 초기, 학생들은 손병희가 천도교를 통한 학교인수를 반대하였다. 이는 천도교라는 특정 종교를 강요할 것이라는 선입견 때문이었다. 그러나 손병희는 절대 천도교 종교를 강요하거나 교육하는 일이 없이, 늘 뒤에서 도와주는 사람의 역할에

보성학교 창립 1주년 기념(1906년 4월 3일)

충실하였다. 그는 천도교의 재력에 의하여 학교가 유지되고 있었음에도 종교적 색채를 전혀 강조하지 말도록 특별히 당부하였다. 이러한 그의 헌신적 노력을 바탕으로 보성학교는 민족 최고의 사학인 고려대학교로 발전할 수 있었으며, 수많은 졸업생이 이 나라의 동량이 되었다.

한편 이종호는 경술국치 이후 블라디보스토크로 망명하여 그곳에서 교육·언론 등 국권회복을 위한 항일민족운동에 헌신하였다. 그 후 상하이로 건너가서 동지들과 더불어 독립운동을 전개하다가 1917년 일본 경찰에 붙잡혔다. 이에 국내로 돌아와 고향에서 1년 동안 거주 제한을 받다가 그해 7월 상경하여 보성학교의 전 교주로서 천도교단을 찾아와 학교의 반환을 요구하였다. 그동안 보성학교의 인수 경위와 그 이후 막대한 자금이 들어간 운영과정을 고려한다면 이종호의 학교를 반환하라는 요구는 현실적으로 타당성이 없었다. 그러나 이종호의 보성학교 반환 요구를 전해 들은 손병희는 즉석에서 승낙하였다. 전 교주에게 아무런 조건 없이 반환하기로 한 것이다. 손병희는 보성학교를 인수할 때 그 뜻이 오로지 암울했던 시기 최대의 사학인 보성학교를 살리고 발전시키겠다는 것이었기 때문에 학교만 발전시키면 되었지 굳이 학교를 소유하겠다는 것은 사리사욕이라고 생각하였다. 또 진정한 의미에서 학교의 주인은 이 나라의 모든 국민이지 한 개인이 될 수가 없다고 생각이기도 하였다. 더욱이 이종호라는 인물이 항일정신이 투철하고 독립운동에 참여하였던 인물이라 학교를 넘겨주어도 안심할 수 있었기 때문이기도 하였다.

이 사건은 결국 유언비어의 난무와 일제 당국의 방해로 지지부진하게 끝나고 학교의 반환은 이루어지지 않았지만, 손병희의 구국과 민족교육 정신의 숭고함은 널리 알려지게 되었다. 아무런 사심도 없이, 가깝게는 국민교육을 위해 멀리는 나라의 자주독립을 위하여 손병희는 교육사업에 엄청난 투자를 하였던 것이다. 이는 손병희가 교육에 대한 열정이 얼마나 크고 사심이 없었는지를 보다 분명하게 보여준다.

이렇듯 손병희의 교육 사업은 진정한 교육구국의 바른 길을 제시해 주었다.

3·1운동을 준비하다   20

지방교구를 설치하다

중앙총부를 설립한 손병희는 중앙뿐만 아니라 지방에도 교구를 설립하였다. 즉 '교구敎區와 교령敎領을 조성하여 우리 교의 면목面目을 청신淸新함이 교문급무敎門急務'라고 하여 빠른 시일 내에 설치하도록 하였다. 이에 따라 손병희는 전국에 72개의 대교구를 설치하는 한편 주직으로는 교구장대리敎區長代理로 임명하였고, 원직은 교령으로 하였다. 당시 설립된 72개의 대교구와 교구장 대리는 다음과 같다.

제1 대교구 신광우申光雨　　　　제2 대교구 국길현鞠吉賢
제3 대교구 서우순徐虞淳　　　　제4 대교구 안응두安應斗
제5 대교구 김낙철金洛喆　　　　제6 대교구 원용일元容馹
제7 대교구 김유영金裕泳　　　　제8 대교구 김학수金學洙
제9 대교구 이겸수李謙洙　　　　제10 대교구 한용구韓用九

제11 대교구 김영학金泳學　　　제12 대교구 유지훈柳志薰

제13 대교구 홍기조洪基兆　　　제14 대교구 나인협羅仁協

제15 대교구 나용환羅龍煥　　　제16 대교구 최봉관崔鳳官

제17 대교구 오영창吳榮昌　　　제18 대교구 박영구朴榮九

제19 대교구 최문상崔文祥　　　제20 대교구 이병춘李炳春

제21 대교구 노석기盧錫璣　　　제22 대교구 한화석韓華錫

제23 대교구 임중호林仲浩　　　제24 대교구 유계헌劉啓憲

제25 대교구 임예환林禮煥　　　제26 대교구 홍기억洪基億

제27 대교구 윤창언尹昌彦　　　제28 대교구 오성룡吳成龍

제29 대교구 허선許善　　　　　제30 대교구 정경수鄭璟洙

제32 대교구 정혜남鄭惠南　　　제33 대교구 임정순林正淳

제34 대교구 구창근具昌根　　　제35 대교구 손광수孫光洙

제36 대교구 김지탁金知鐸　　　제37 대교구 임주업林周業

제38 대교구 이일환李日皖　　　제39 대교구 오응선吳膺善

제40 대교구 강건회姜建會　　　제41 대교구 최류현崔琉鉉

제42 대교구 김응종金應鍾　　　제43 대교구 김명배金溟培

제44 대교구 이동성李東成　　　제45 대교구 정량鄭樑

제46 대교구 손은석孫殷錫　　　제47 대교구 김영하金泳夏

제48 대교구 유지순柳志順　　　제49 대교구 최봉진崔鳳鎭

제50 대교구 전희순全熙淳　　　제51 대교구 전철진全哲鎭

제52 대교구 신재준辛載俊　　　제53 대교구 장응곤張應坤

제54 대교구 정종욱鄭宗郁　　　제55 대교구 김익하金益河

제56 대교구 정영로鄭永潞   제57 대교구 이승구李承球

제58 대교구 곽기룡郭騎龍   제59 대교구 이종석李鍾奭

제60 대교구 김종훈金鍾薰   제61 대교구 문천수文天洙

제62 대교구 송배헌宋培憲   제63 대교구 박치준朴致俊

제64 대교구 김현창金顯昌   제65 대교구 안승렬安升烈

제66 대교구 강익주姜翼周   제67 대교구 배하귤裵漢橘

제68 대교구 방찬두方贊斗   제69 대교구 한용흔韓用昕

제70 대교구 신정집辛精集   제71 대교구 김한식金漢式

제72 대교구 김영하金永河

　당시 중앙총부에서 전국에 설치한 대교구는 오늘날처럼 지역별로 한 것이 아니라 인적人的, 연원별로 하였다. 이는 아직 지역적으로 교구를 설치할 상황이 아니었기 때문이었다. 즉 지역별로 교구를 설치할 여건이 안 되었던 것이다. 아직은 전교인과 수교인 관계의 틀에서 벗어나지 못하였다. 그렇기 때문에 연원주 즉 주요지도자를 중심으로 교구를 설치하였던 것이다. 이러한 사례는 교구를 일련번호로 한 것이라든가, 지역별로 대교구가 집중되었기 때문으로 풀이된다. 특히 황해도의 경우 제6 대교구의 원용일, 제7 대교구의 김유영, 제17 대교구의 오영창, 제22 대교구의 손화석, 제39 대교구의 오응선, 제41 대교구의 최류현, 제45 대교구의 정량, 제68 대교구 방찬두 등 7개의 대교구가 설치되었다. 이들은 대부분 동학혁명 당시 황해도 지역에서 대접주로 동학혁명을 이끌었다. 또한 제30 대교구의 정경수, 제59 대교구의 이종석, 제71

대교구의 김한식 등은 수원을 중심으로 활동한 주요 교역자들이었다. 이러한 점으로 보아 초기에 설치되었던 대교구는 연원을 중심으로 설치되었다고 할 수 있다. 이어 대교구가 관할하는 교구가 전국 군단위로 설치되었고, 교세를 확장하는 기반이 되었다. 그리고 3·1운동 당시 만세운동을 전국화시키는 데 기여하였다.

봉황각을 건립하다

봉황각은 일제강점 직후인 1912년에 건립되었다. 이 시기는 우리나라가 일제에 국권을 빼앗긴 지 불과 2년 정도밖에 되지 않았지만, 이른바 '무단통치'라는 일제의 지배정책으로 한민족을 강압과 억압으로 통치하였다. 그중에서도 1894년 동학혁명을 겪은 일제는 천도교에 대한 경계를 더욱 강화하였다. 통감부 시기부터 '종교는 국가의 기축'이라며 천황제 국가이념을 요구하였던 일제는 1910년 조선을 강점한 이후 종교정책은 자율적 활동보다는 국가의 철저한 통제를 근간으로 삼고자 하였다. 더욱이 한국에서 자생한 종교에 대한 감시와 통제는 종교활동을 더욱 어렵게 만들었다. 조선총독부는 천도교에 대해 "순연히 종교라 인정하기 어려운 것"이라 하여 '취체'가 불가피하다고 하였다. 이와 같은 식민지 상황에서 천도교는 어떻게 대응하였을까.

   1910년 8월 29일 일제가 한국의 강점을 발표하자 천도교에서는 즉각 일제강점의 부당성을 지적하였다. 당시 천도교는 일제강점 직전인 1910년 8월 15일 기관지『천도교회월보』를 창간하였다. 이『천도교회월보』를 창간한 천도교회월보사는 일제강점을 반대하는 서한을 각국 영사에게 발송하였다. 이로 인해 『천도교회월보』 발행의 주무를 맡고 있던 김완규를 비롯하여 오상준·이종린·이교홍·김건식 등이 일경에 체포되었다가 20여 일만에 석방되었다.

이처럼 천도교가 일제강점의 부당성을 지적하자 조선총독부는 천도교를 노골적으로 탄압하였다. 대표적인 것이 성미제도의 폐지였다. '성미'는 교인들이 교단에 기부하는 성력으로 교단 운영의 근간이었다. 조선총독부는 천도교의 활동을 방해하기 위해 성미제도를 강압적으로 폐지하게 하였다.

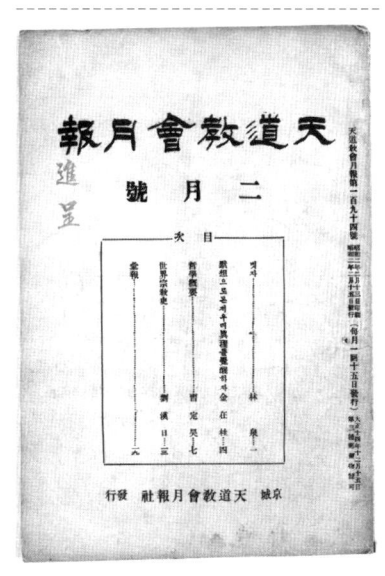

『천도교회월보』(2월호)

그런데 이에 앞서 천도교는 일제가 한국을 식민지로 강점하는 상황에서 내적 결집력을 강화해 나갔다. 손병희는 일제의 강점 직전인 1910년 8월에 중앙총부 임직원과 서울 시내 주요 교역자들에게 국권을 빼앗기고 곧 식민지로 전락하는 상황에서 당시의 소감을 다음과 같이 피력하였다.

지금 우리나라의 형편은 마치 머리 없는 사람 같이 되었다. 나라의 세 가지 요소는 주권과 토지와 인민이며, 이 세 가지를 합해서 나라이라 하는

데, 지금 우리나라는 주권이 없는 나라이니 머리 없는 사람과 마찬가지가 아니냐.

일본이 몇 해를 두고 우리나라를 보호한다고 하지만 보호한 것이 무엇이냐. 토지를 보호하였단 말인가. 재산을 보호하였단 말인가. 주권은 사법司法이요, 사법은 주체인데, 사법을 보호하였단 말인가. 사농공상을 보호하였단 말인가. …… 내가 일본 사람에게 보호사실을 질문한다면 한국의 토지를 보호한 것이 아니라 일본의 토지를 보호한 것이요, 토지한국의 주권과 인민을 보호한 것이 아니라 일본의 주권과 인민을 보호한 것이요, 한국의 농상공업을 보호한 것이 아니라 일본의 농상공업을 보호한 것이라 하리라.

손병희는 당시 '한국이 주권 없는 나라'라는 것과 그동안 일본이 한국을 보호한다고 했었지만 실제로는 일본만을 위한 것이었음을 분명하게 인식하였다. 손병희는 일제가 가지고 있는 '침략'의 흑심을 꿰뚫어 보았던 것이다. 이러한 손병희의 예지력은 이미 1900년대 초 일본에서 망명생활을 할 때 부터였다. 그래서 1904년 갑진개화운동을 통해 민회운동을 전개하고자 하였으나 무능한 정부와 일제의 탄압으로 뜻을 이루지 못하였다.

일제의 강점으로 국권이 강탈당하고 기본적인 종교활동마저 통제와 감시가 잇따르자 손병희는 천도교의 역할을 다음과 같이 밝혔다.

그러면 우리는 어떠한 방법으로 이 시대를 담당할 것인가. 우리는 다 같이 천부의 고유한 성품을 받아 천권天權을 소유하였으니 천도교로 천부天賦의 성품을 삼고 천도교로 천권행시天權行使의 목적을 삼아 만분지일이라도 천권행사에 해이한 마음을 두지 말아야 할 것이다. 세계 통유의 보호국은 반독립국이라 하나 오늘 우리나라는 일본의 영지領地라 하는 것이 옳을 것이다. 이 세계와 국가와 내 몸뚱이는 나의 뇌수腦髓에 달려 있는 것이니, 내 몸을 위하는 마음이 뇌수를 떠나지 않으면 몸이 반드시 윤택할 것이요, 내 나라를 위하는 마음이 뇌수를 떠나지 않으면 나라가 반드시 흥왕할 것이요, 세계를 위하는 마음이 뇌수를 떠나지 않으면 세계가 반드시 평화할 것이다. 뇌수는 곧 사람의 요소이다.

지금은 일본의 식민지나 다름없지만 교인 개개인이 나라를 위하는 마음을 잊지 않으면 반드시 나라를 되찾을 수 있다는 것을 강조하였다. 이는 '종교적 감화'를 통해 천도교가 가야할 길을 암시한 것이라 할 수 있다. 이에 따라 천도교는 두 가지 방안을 통해 독립을 준비하였다. 하나는 강습소 설립을 통한 교리교육의 강화이었고, 다른 하나는 종교적 심성을 강화하는 수련이었다. 전자는 1910년대 교리강습소 설립과 운영으로, 후자는 우이동 봉황각 건립으로 각각 구현되었다.

   천도교는 무엇보다도 종교의 감화를 받기 위해 수련을 강조하였다.
   "사람이 세상에 났다가 무슨 큰일을 하려면 먼저 종교적 감화를 받아야 만사가 무위이화無爲而化의 중에서 이루어지는 것이다. 그러나 종교인이라고 다 감화를 받 는 것이 아니요 감화를 받지 못하면 그만큼 수도를 해야 하는 것이다. 아무리 잘난 체 하는 사람이라도 한울님의 감화를 받

우이동 봉황각(1910년대)

지 못하면 사람의 능력만 가지고는 도저히 큰일을 성공하기 어려운 것이니라."

그는 이처럼 큰일을 성공시키려면 수련을 통한 종교적 감화를 받아야 한다고 강조하였다.

그렇지만 천도교는 수도원을 마련하지 못하였다. 일제의 강점 이후 천도교인의 독립의지를 다지기 위해 수련공간을 확보하는 것이 시급하였다. 이에 손병희는 1911년 8월 중앙총부 임직원을 대동하고 우이동을 답사하였다. 당시 우이동은 깊은 계곡으로 원족회나 탁족회 등으로 유명하였다.

손병희는 우이동을 둘러본 후 금융관장 윤구영에게 우이동 일대의 밭과 임야 등 3만 평을 가격이 많고 적음에 구애받지 말고 무조건 매입하라고 지시하였다. 당시 함께 갔던 임직원들은 '이런 심산유곡의 토지를 매입할 필요가 과연 있을까?' 하면서 어리둥절하였다. 손병희의 지시를 따르지 않을 수는 없어 우이동 일대 밭과 임야 등 27,946평을 매입하였다. 손병희가 삼각산의 정기가 살아있는 우이동 일대를 매입한 것은 '종교적 감화'를 위한 수련 도장을 건립하기 위해서였다. 또 장차 민족의 동량을 양성하기 위한 포석이기도 하였다.

우이동을 매입한 손병희는 이듬해 1912년 3월 7일 이곳에 연원두목과 연성수련을 위한 도장으로 봉황각을 기공하여 6월 19일 준공하였다. 봉황각의 구조는 다음과 같다.

본전 목조木造 와즙평가瓦葺平家 건평 28평 2합

내실 목조木造 와즙평가瓦葺平家 건평 18평 2합

부속건물 양와즙洋瓦葺 건평 8평 3합

그리고 봉황각의 현판의 '봉鳳'자는 중국의 명필 안진경, '황皇'자는 역시 중국인 회소, '각閣'자 역시 중국인 미불의 필적을 3·1운동 민족대표의 한 사람이었던 오세창이 모사한 것이다.

특별기도로 독립의식을 강화시키다

우이동에 수련도장으로 봉황각을 건립한 손병희는 전국 각 지방의 주요 두목급 지도자를 불러 49일 특별기도를 시행하면서 매 수련 때마다 민족과 교회를 위해 큰일을 할 수 있도록 마음가짐을 다지는 법설을 남겼다.

　손병희는 1910년 8월 일제가 우리나라를 강점했을 때부터 '국권회복'을 지향점으로 삼았다. 따라서 국권회복과 한국독립의 책임을 천도교가 맡아야 한다고 생각했다. 그리고 그 방법으로 폭력적인 수단을 쓰기보다는 평화적으로 이루고자 하였다. 이에 대해 일부에서는 '소극적 행동'이라고 비판을 하기도 하지만 종교지도자로서의 당연한 선택이었다고 할 수 있다. 이에 따라 손병희는 앞서 강조하였던 교육을 통한 실력양성과 종교적 수양을 통한 수련으로 정신적 무장을 통해 독립운동을 전개하고자 하였던 것이다.

　특히 천도교에서 행한 49일 특별기도는 독립의지를 강화하는 방안이기도 하였다. 손병희는 이에 대해 다음과 같이 밝히고 있다.

"천도교는 올해 1월부터 2월까지 기도회를 열 것을 각 교도에게 시달하고 실행한 일이 있는가?"

"나는 해마다 기도를 올리는데, 천도교에서는 협의상 1월부터 2월까지 기도할 것을 결정하였다."

"그 일을 각 교구에 문서로 배포 전달하였는가, 교구장을 모아서 시달하였는가?"

"그것은 교주가 문서로 발표하였다."

"그 기도는 어느 때부터 조선독립을 성취할 시기를 달라고 한 것이 아닌가?"

"그렇다."

손병희는 일제강점 직후 수련도장 건립할 곳을 물색하였고, 수련도장인 봉황각을 건립하였다. 그리고 그와 동시에 시행하였던 것은 그가 49일 특별기도를 독립운동의 일환으로 인식하였기 때문이었다. 49일 특별기도는 모두 일곱 차례 진행되었다.

봉황각에서 49일 특별기도를 시행했을 때 손병희는 각 지방 주요 두목을 불러들이고 매번 법설을 하였는데 그 내용의 핵심은 '이신환성以身換性'이었다. 법설의 내용은 다음과 같다.

제1회 및 제2회
연성의 묘법은 이신환성에 있는 것이다. 지금까지 그대들이 생각하는 '나'라는 것은 유형有形한 '나'이니 이 유형한 '나'를 무형無形한 '나'로 바꿀 것이요, 신변세사身邊世事의 '나'를 성중천사性中天事의 '나'로 바꿀 것이다. 그대들이 만일 육신의 나로부터 생기는 모든 인연을 끊는다면 본연한 성령性靈의 '나'는 자연히 나올 것이다. 사람은 평소에 견실한 수양을 쌓지 않으면 위급한 경우를 당하여 마음이 흔들리나니 이것은 그대들로 하여금 반드시 꼭 수련을 해야겠다는 말이다. 사람은 누구나 일시적인 결심은 쉬우나 평생을 통한 결심으로 수양하기는 어려우니라.

제3회
손병희와 참여자(지동섭) 간의 대화

"대신사께서 다시 출세하신다 하니 사실입니까?"

"성령으로 출세하실는지 육신으로 출세할는지는 말할 수 없으나 다시 출세하실 것만은 분명하니라."

"그러면 누구나 뵐 수 있습니까?"

"정성이 지극하면 뵈올 수 있느니라."

"그때가 언제쯤 되겠습니까?"

"이번 49일 기도를 마치는 날쯤이면 출세하실는지도 알 수 없다. 그러나 육신으로 다시 출세하는 것은 천하에 없는 일이니 육신 출세야 바랄 수 있겠느냐마는 설사 육신으로 출세할지라도 그대의 수련이 부족하면 대신사를 뵈올 수 없을 것이다. 그러니까 대신사의 출세 여부는 그대들의 수련 독실 여부에 있는 것이니라."

제4회

도道는 가도화순家道和順에 있는 것이다. 이것은 선사先師께서 역설하신 것이니, 수도의 극치는 부화부순夫和婦順이다. 천하대사天下大事는 다툴지언정 가정에서야 다툴 것이 무엇이 있겠느냐.

사람은 아무리 성인聖人이라도 죽기 전에는 그 인격과 명예가 완전히 드러나지 않는 것이요, 큰 성인은 큰일을 당하여 죽는 것을 두려워하지 않는다.

인간생활은 크게 세 가지로 구분할 수 있는 것이니, 첫째는 사상생활思想生活이요, 둘째는 학문생활學問生活이요, 셋째는 노동생활勞動生活이다. 그 중에서 사상생활하는 사람은 능히 학문생활하는 사람과 노동생활하는 사람을 부릴 수 있으나, 노동생활하는 사람은 학문생활하는 사람과 사상생활하는 사람을 부릴 수 없는 것이다. 난세에는 이것이 바뀌기 때문에 민생이 도탄에 드는 것이니라.

제5회

내가 이신환성에 대하여 말하였거니와 성령은 불생불멸不生不滅하므로 기수氣數가 능히 제어制御하지 못하나니 진실로 오는 화禍를 면免하고자 하면 성령과 육신을 바꾸어 믿는데 있느니라. 성령과 육신을 바꾸어 믿는 방법은 육신관념을 끊어야 하나 육신관념을 끊으려면 더욱 어려울 것이니, 육신관념을 끊으려고만 생각지 말고 일거일동에 누가 능히 나로 하여금 말을 하고 생각을 하게 하고 움직이게 하는가 하고 이것을 오늘도 생각하고 내일도 생각하면서 적극적인 공부를 계속하면 자연히 성령이 주체가 되고 육신이 객체가 되어 위로는 대신사와 같이 대각이 될 것이요, 아래로는 가히 육신의 화를 면할 것이니라.

오늘의 일은 국가의 일이거나 교회의 일이거나, 오늘에 있는 우리들이 해야 할 일이 아닌가. 사람은 큰일을 하려면 먼저 종교적 수련이 있어야 하나니, 종교적 수련이 없으면 한울의 감응을 받기 어려운 것이니라. 한울님의 감응을 받으면 만리만사萬理萬事가 무위이화無爲而化로 되는 것이요 한울님의 감응을 받지 못하면 모든 일이 뜻대로 되지 않는 것이니라.

지금 세상은 힘센 사람이 제일인데, 완력도 힘이나 개인과 개인 사이에 힘을 겨루는 것으로 이러한 완력시대는 이미 지나갔고, 지금은 권력과 재력과 지력이 판을 치고 있는 세상이나, 앞날의 세상은 도력으로써 많은 사람을 감화케 해야 할 것인데, 그것이 포덕이다. 우리 교회에서 포덕을 많이 한 사람이 가장 힘이 센 사람이니, 포덕은 하면 할수록 힘이 점점 늘어나는 것이니라.

이상의 법설에서 알 수 있듯이 손병희는 무엇보다도 '이신환성'을 강조하였다. 이신환성이란 "몸을 성령으로 바꾸라"는 것인데, 이는 곧 자신을 희생한다는 의미를 담고 있다. 지금은 비록 일제의 식민지이지만 이신환성된 자신을 희생하여 민족독립의 길에 두려움 없이 참여할 것을 은연중에 각인시켰던 것이다. 손병희는 일제강점 직후부터 수운 최제우의 가르침인 이신환성을 직접 몸으로 체험케 하여 '큰 일' 즉 3·1운동을 준비하라고 가르쳤던 것이다.

또한 당시 지방에서 49일 특별기도에 참여하였던 주요 교역자도 이신환성을 통해 민족독립에 기여할 것을 마음 깊이 다짐하였다. 이러한 의미에서 볼 때, 49일 특별기도는 천도교인에게 있어 민족운동의 정신적 원동력이었다.

뿐만 아니라 일제가 천도교를 탄압하고 있는 상황에서 포교를 통한 천도교 교세의 확장은 일제의 식민지 지배에 대한 저항의 하나였던 것이다. 더욱이 49일 특별기도가 끝날 무렵에는 유럽에서 제1차 세계대전이 발발하였고, 그 결과 승전국인 미국의 윌슨 대통령이 제시한 민족자결주의는 '이신환성'으로 무장한 천도교인에게는 희망의 메시지이자, 독립의 기회로 인식하게 되었다.

천도교는 이와 같은 특별기도를 통한 민족의식을 강화하면서 대규모의 민중운동을 준비하였다. 봉황각 49일 특별기도를 끝낸 이후인 1914년 8월, 보성사 사장 이종일은 민족운동의 중추적 역할을 수행하기 위해 비밀결사인 천도구국단을 조직하였다. 이종일은 천도구국단 조직에 앞서 기독교 또는 불교와 연합하여 민중운동 형태의 대중운동을 전개하고자 하였으나 뜻을 이루지 못하였다. 이에 따라 이종일은 민족문화수호운동본부를 거쳐 천도구국단을 조직하고 제1차 세계대전의 전황 등 국제적 동향을 분석하였다. 1917년 들어 제1차 세계대전이 종전에 가까워지자 이종일은 다시 민중운동을 전개할 것을 손병희에게 제안하였고, 이를 중심으로 대중화·일원화·비폭력의 원칙으로 종교단체와 연합하여 만세운동을 전개하게 되었다.

    이러한 의미에서 1919년 들어 3·1운동을 앞두고 천도교는 앞에서 인용한 손병희의 신문과정에서 답변한 바와 같이 이해 1월 5일부터 2월 22일까지 49일 특별기도를 봉행하면서 3·1운동에 대한 정신적 무장과 마음의 준비를 하였음을 알 수 있다.

21 3·1운동, 민족대연합전선을 추진하다

기독교에 5천 원 지원하다

3·1운동은 뛰어난 한 사람의 지도나 영향으로 이루어진 일은 결코 아니었다. 오랫동안 일제의 식민통치에 억눌리고 설움을 받아온, 독립의 열망이 담긴 민족 전체의 힘이 있었기 때문에 가능하였다. 여기에 가장 큰 역할을 담당한 것이 이른바 종교와 종교를 대표한 민족대표들이었다. 천도교·기독교·불교가 그 역할을 담당하였다. 천도교는 손병희를 정점으로 3·1운동을 추진하였다.

　손병희는 그 당시 천도교를 대표하는 인물일 뿐만 아니라 민족을 대표할 만한 덕과 역량을 갖추고 있었던 인물이었다. 손병희는 천도교를 중심으로 오래전부터 동학혁명과 같은 대중운동을 위해 조직을 정비·강화하였다. 그러한 가운데 손병희는 자신의 참모격인 이종일·권동진·오세창·최린 등과 함께 자신의 거처인 동대문 밖 상춘원에서 밤늦도록 국내외 정세와 독립운동의 실현책 등에 관해 숙의하곤 하였다.

그러던 중 고종이 승하하였다. 항간에는 고종의 독살설이 파다하게 퍼져 있었다. 고종은 1919년 1월 23일 상오 1시에 갑자기 죽음을 맞았다. 고종은 죽기 직전 '내가 도대체 무슨 음식을 먹었길래 이러느냐?'면서 배를 부둥켜안고 뒹굴었으며 갑자기 눈이 붉어지고 온몸에는 반점이 생겼다고 한다. 고종은 일본인이 식염에 독을 넣어 독살된 것이라는 소문이 나돌았다. 이러한 독살설에 민중들의 배일감정은 더욱 고조되었으며, 학생들은 검은 상장喪章을 두르고 동맹휴학에 들어갔다. 이렇게 형성된 배일감정은 손병희로 하여금 독립운동의 새로운 계기를 마련해 주었다. 바로 민족대연합전선이었다. 손병희는 권동진·오세창·최린 등과 독립운동의 방법을 논의하는 과정에서 천도교를 중심으로 하되 다음의 세 가지 원칙을 합의하였다.

최린(1920년대)

첫째, 독립운동은 대중화하여야 할 것.

둘째, 독립운동은 일원화하여야 할 것.

셋째, 독립운동의 방법은 비폭력으로 할 것.

이것은 3·1운동의 원칙이며 천도교에서 결정한 중대한 합의였다. 이는 동학혁명을 경험한 바 있는 손병희가 주도적으로 주장하였다. 또한 손병희는 앞으로의 독립운동의 구체적 방법과 진행을 권동진·오세

최남선

창·최린 등에게 일임하였다. 천도교는 다시 권동진·오세창은 천도교 내부의 일을 맡고 최린은 천도교와 외부와의 관계를 맡기로 합의했다. 이에 따라 손병희를 정점으로 한 천도교는 오래전부터 논의되었던 기독교 측과의 연합전선을 다시 시도하기로 하였다.

당시 기독교 측에서도 평북 정주의 이승훈을 중심으로 각 교회, 목사, 장로 등 기독교 신자들 사이에 이미 독립운동을 위한 활발한 움직임이 있었다. 그렇지만 기독교 측에서는 독립운동의 거사 자금을 마련하는데 가장 어려움을 겪고 있었다. 기독교 측이 천도교와 연합전선을 펴기로 하고 이에 관해 숙의를 할 때에도 자금의 조달이 쉽지 않아 독자적인 방법을 택하기로 방침을 세울 정도였다. 그러던 중 최린의 집에서 이승훈과 최남선, 현상윤 등이 만났을 때 이승훈이 거사자금으로 5천 원을 융통해 주기를 요청하였다. 당시 천도교의 형편도 은행에 저금해 준 돈을 동결 당하여 적지 않은 어려움을 겪고 있었다.

다음날 최린이 손병희를 찾아가 이승훈에게서 들은 기독교 측의 사정을 말하였더니, 손병희는 흔쾌히 이를 수용하였다. 최린은 당시의 상황을 다음과 같이 회상하였다.

그날 저녁에 나는 동대문 밖 상춘원에 가서 의암선생을 뵈옵고 그동안 경과사항을 일일이 보고하고 이승훈이 청구한 금액에 관하여 솔직히 이승훈 말대로 5천 원이 못되면 3천 원이라도 좋다고 하면서 우선 3천 원만 주어두는 것이 기독교 측에 대하여 우리의 성의를 표시하는 데 좋은 조건이오. 또는 이로 말미암아 기독교 측과 연결하는 인연이 지어질 수 있는 일이라고 말씀드렸더니, 선생님 말씀이 5천 원을 청구하였으니 그 액수대로 융통해 주는 것이 좋다고 하셨다. 그때 천도교 재정 형편으로 보면 은행저금을 전부 일경에게 압수를 당하고 대단히 곤란 중임에도 불구하고 선생의 대사에 임하는 초월한 태도에 감격하였다. 다음날 22일에 천도교 금융관장 노헌용이 금 5천 원을 제동 나의 집에 가져왔다. 나는 즉시 5천 원을 가지고 소격동 이승훈 숙소에 가서 김자성이라는 명자를 통하여 들어가서 직접 교부하였다. 이승훈은 대사가 이로 인하여 성취될 가망이 있다고 대단히 기뻐하였다.

3·1운동을 전개하면서 천도교 측에서 부담했던 운동자금은 막대한 금액이었다. 천도교 자체적으로 소요되는 자금은 물론, 기독교 측으로 대여 명목으로 지원한 5천 원 이외에도 해외로 송금된 독립운동 자금도 상당하였다. 그렇지만 그는 독립운동에 드는 돈은 아끼지 않고 지출하였다.

「독립선언서」 보성사에서 인쇄하다

3·1운동의 준비과정에서 어려움은 예상외로 많았다. 「독립선언서」 작성을 누구로 할 것인가 고민이었다. 그런데 3·1운동 초기 깊숙이 관여하였던 최남선이 스스로 작성하겠다고 하였다. 최린은 최남선의 문장력을 잘 알고 있던 터라 그렇게 하도록 하였다. 그리고 손병희의 뜻인 비폭력·무저항주의를 반드시 반영토록 하는 한편 이를 손병희에게 보고하였다. 선언서의 초고가 완성되자 최남선이 경영하는 신문관에서 조판한 후 이를 최린 집에 숨겨 두었다가 2월 27일부터 천도교가 경영하는 보성사에서 인쇄하였다.

그 자신이 민족대표 33인의 1인이었던 보성사 사장 이종일은 선언서가 극비의 문서라는 것을 누구보다 잘 알고 있었다. 그는 일반 사원과 직공들이 모두 퇴근한 후 어둑어둑해진 저녁 6시부터 선언서를 인쇄하였다. 이종일은 자신이 가장 신임하고 있던 공장 감독 김홍규와 사동 한 사람, 이렇게 셋에서 공장 내의 창을 모두 가리고 불빛이 밖으로 새나가지 않도록 단속하였다.

「독립선언서」를 인쇄하던 늦은 밤, 갑자기 밖으로부터 문 두드리는 소리가 났다. 세 사람은 즉시 작업을 중단하고 인쇄된 것을 치우려고 했으나 밖에서는 문 열라는 고함소리가 계속 났다. 이종일은 '이제 모든 게 끝났다'고 생각하며 문을 열었다. 거기에는 신승희라는 종로경찰서 고등계 한인 형사가 서 있었다.

'이런 시각에, 이 장소에, 하필이면 그가……'

일제에 의해 불타버린 보성사(1919년 6월 28일)

　이종일은 자포자기의 심정이었다. 신승희는 독사처럼 음흉하고 생쥐처럼 재빠른 악명 높은 인물이었다. 이종일은 눈앞이 캄캄하였지만 포기할 수는 없었다.
　이종일은 신승희의 옷소매를 붙잡고 모른 척 해주기를 사정하였다. 그러나 신승희는 아무런 말이 없이 이종일을 쳐다보았다. 순간 이종일은 신승희를 손병희에게로 가는 길이 급선무라고 생각하고 그를 끌었다. 그러자 신승희는 조금 누그러지며 말했다.
　"나는 여기 있을 테니 당신이 다녀오시오."
　신승희는 무엇인가를 결심하는 듯이 보였다. 이종일은 곧 달려나와 단숨에 손병희 집으로 달려가 위급한 상황을 알렸다. 묵묵히 이야기를 들은 손병희는 안방으로 들어가 큼직한 종이뭉치를 들고 나왔다. 그리고 그것을 신승희에게 갖다주라고 하였다. 이종일은 그 종이뭉치가 무

이종일

엇인지도 모른 채 인사할 겨를도 없이 다시 보성사로 달려와 신승희에게 전달하였다. 그 종이뭉치는 당시 돈 5천 원이었다. 신승희는 비밀로 해줄 것을 당부하면서 보성사 문을 나섰다. 한숨을 돌린 이종일은 계속해서 「독립선언서」를 인쇄하였다. 밤 11시가 다 되어서야 2만 1천 매의 「독립선언서」 인쇄를 무사히 마쳤다.

인쇄를 마친 「독립선언서」는 달구지에 실려 이종일의 숙소인 경운동 천도교 신축교당 창고로 옮기고 손병희에게 보고했다. 마침 운반할 때 정전이 되어 안국동과 재동파출소 앞은 검색 없이 통과할 수 있었고, 길에서 마주친 순검에게는 천도교에서 인쇄한 조선인의 족보라고 태연히, 그러나 준비했던 대로 말하자 보지도 않고 통과시켰다.

민족대표의 대표자로 서명하다

3·1운동을 준비하는 과정에서 또 하나의 어려움은 종교별 대표자 선발이었다. 적지 않은 논란이 있었으나 최종적으로 천도교 15명, 불교 2명, 기독교 16명으로 합의를 보았다. 천도교도 민족대표를 선정하는데

많은 어려움이 있었다. 천도교의 특성상 최고지도자라고 할 수 있는 손병희가 대표로 참여하는데, 교단의 주요 지도자들이 이를 보고 있을 리가 없었다. 서로 대표자로 참여하고자 하였다. 손병희는 대표자로 선정된다는 것은 먼저 죽으러 가는 길이라고 하면서, 교단의 후일을 위해 대도주 박인호와 젊고 유능한 일꾼인 정광조, 신숙 등은 빠지도록 하였다.

종교별로 대표자는 선정되었지만 또 하나의 문제가 있었다. 33인의 민족대표의 서명 순위를 어떻게 할 것이며, 수위를 누구로 할 것인가 하는 것이었다. 기독교에서는 연령순이나 가나다순으로 하자는 의견을 내놓았으나, 천도교에서는 그렇게 되면 제자가 스승 앞에 놓이는 불경스러운 일이 있을 수 있다고 반대하였다. 논의 끝에 결국 각 종교의 대표자를 한사람씩 수위로 쓰고 나머지는 가나다순으로 서명하기로 하였다. 이에 따라 첫 번째의 서명자는 인물로 보나 그동안의 독립운동 준비로 보나 손병희를 '영도자'로 모시자는 의견에 모두 찬동하여 손병희를 첫 서명자로 결정되었다. 두 번째는 기독교를 대표하여 장로교파의 길선주, 세 번째는 감리교회를 대표하여 이필주, 네 번째는 불교계를 대표하여 백용성이 각각 서명하기로 하였다.

이처럼 준비과정을 마쳤으나 민족대표들 중 서로 인사조차 없는 사람들도 있었다. 이에 2월 28일 밤, 가회동 손병희의 집에서 대표자 전원이 회동하기로 하였다. 이날 손병희의 집에는 23명의 민족대표들이 모였다. 대부분이 초면인 관계로 서로 간 인사를 나누고 다과를 든 후 손병희는 간단한 인사말로 결연한 의지를 밝혔다.

"이번에 우리 거사는 조선의 신성한 유업을 계승하고 아래로 자손만

대의 복락을 작흥하는 민족적 위업입니다. 이 성스러운 과업은 제현의 충의에 의지하여 반드시 성취될 줄 믿어 의심치 않는 바입니다."

손병희의 말에 참가자들은 다 같이 한마음으로 만세운동이 성공적으로 이루어질 수 있도록 결의하였다.

인사말이 끝나고 거사 장소에 대해 논의하였다. 학생대표로 참여한 박희도는 거사 장소인 탑골공원에 학생들이 대거 참석하는데 어떻게 하면 좋겠냐는 의견을 내었다. 참석자들 간 잠시 의견이 분분하였지만, 탑골공원에 많은 학생과 민중이 모이면 의외의 동요가 있을지 모르며, 그럴 경우 일본 군경이 이를 핑계로 잔악하게 탄압할 것이라는데 대부분이 동의하였다. 이에 참석자들은 그 근처에 있는 명월관 지점 태화관에 일단 모여 적절히 대처해 나가기로 합의를 보았다.

1919년 3월 1일, 손병희는 평소처럼 새벽 네 시에 눈을 떴다. 아직 어둠이 채 걷히기도 전이었지만 조용히 수련한 후 청수淸水를 떠 놓고 기도를 올렸다. 어쩌면 마지막이 될지도 모를 이 청수 앞에 손병희는 더욱 정성스런 마음으로 한울님께 기도를 드렸다. 오늘의 이 순간에 이르기까지 순조롭게 일이 추진되어 온 것이 무엇보다도 기뻤다. 손병희는 3·1운동이 큰 성과를 거둬 주기를 기원하면서 자신 이외의 동포들에게 희생이 없어야겠다는 생각이 무엇보다 앞섰다. 그 때문에 비폭력운동을 원칙으로 제시했던 것이다. 벅찬 마음으로 기도가 끝날 무렵 동이 터 오기 시작했다. 고요한 아침의 햇살은 여느 때와 다름없이 눈부시게 밝기만 했다.

손병희가 아침 식사를 마치고 조용히 자리에 앉아 있을 무렵 권동진

「독립선언서」(1919년 3월 1일)

태화관(1919년)

과 오세창이 들어왔다. 이들은 마주 앉아 있었지만 아무 말도 하지 않았다. 이미 각오를 한 민족대표로서 약속된 시간을 기다릴 뿐이었다. 뒤이어 최린이 들어왔다. 최린은 아침 일찍 자기 집 대문에 뿌려진「독립선언서」2매를 보고 손병희의 집으로 달려왔던 것이다. 선언서가 이미 뿌려진 이상 일본 경찰이 선언서에 서명한 사람을 그냥 놔둘 리 없으니 예정된 장소에 가서 회동하는 것이 좋겠다고 제의하였다. 손병희는 최린·권동진·오세창과 함께 인사동 명월관 지점 태화관으로 향했다. 12시경 태화관에 도착한 손병희는 주인 안순환에게 오늘 모이는 사람이 30명이라고 말하고, 전날 부탁한 대로 성찬을 준비하도록 당부했다.

오후 1시가 넘자 민족대표 대부분이 참석하였다. 1시 반경 33인 대표 중 길선주·유여대·김병조·정춘수 등 4명만 사정이 있어 참석하지 못했다. 민족대표의 표정에는 긴장감이 감돌았고 한동안 침묵을 지켰다. 이때 갑자기 현관에서 시끄러운 고함소리가 들려왔다. 허둥지둥 들어온 주인은 젊은 학생들이 민족대표들을 만나자 한다고 전했다. 권동진과 최린이 밖으로 나가 학생들은 만났다. 강기덕을 비롯한 학생대표들은 지금 파고다 공원에는 수천 명의 학생들이 모여 선생들이 나타나기를 고대하고 있는데 민족대표들이 요정에 앉아 있으면 어떻게 하겠느냐고 하였다. 지금 당장 나가 대중 앞에서 독립선언식을 거행하지 않으면 군중이 격분할 것이라고 했다. 최린은 흥분한 학생들에게 장소를 갑작스레 변경한 사유를 설명하고 학생들의 요구가 무리한 것은 아니지만 일제의 간계에 빠지지 않도록 학생들을 중심으로 독립선언식을 잘 추진하라고 타일러 보냈다.

대한문 앞 만세시위

　음식이 들어오고 일동이 축배를 들려고 할 때 한용운이 일어나 「독립선언서」를 낭독하고 인사 연설을 한 뒤 '대한독립만세'를 선창했다. 일동은 함께 일어나 독립만세를 소리높이 외치고 축배를 들었다. 그리고 종로경찰서에 연락하였다.
　탑골공원에서는 학생들이 중심이 되어 독립선언식을 갖고 '대한독립만세'를 외쳤다. 그 함성은 민족대표들이 있는 태화관까지 울려 퍼졌다. 경찰과 헌병 80명이 급거 출동하여 태화관을 에워쌌다. 민족대표들은 조금도 동요함 없이 태연하게 앉아 있었다.

30분이 지나서야 민족대표들을 압송하기 위한 자동차가 현관에 도착했다. 민족대표들은 순순히 자리에서 일어났다. 제일 먼저 손병희가 차에 올라 태화관을 떠났고 다음부터는 세 사람씩 동승하여 정무총감부로 호송되었다. 태화관 정문 밖에는 삼엄한 경찰의 경비망이 처졌지만, 학생들을 비롯한 수많은 군중은 거리에 늘어서서 연행되어 가는 민족대표들에게 모자를 벗어 흔들며 독립만세를 외쳤다. 차에 실려 가는 민족대표들도 손을 높이 흔들어 이들에게 화답했다. 민족이 한 덩어리가 되어 울분이 폭발하는 감격의 순간이었다.

천도교는 손병희가 정점이 되어 봉황각 49일 특별기도에 참여한 이들을 중심으로 각 지역에서 누구보다 앞장서서 3·1 운동을 계획하였다. 뿐만 아니라 천도교인을 넘어서서 일반 군중, 나아가 기독교 등 다른 종교와도 연합하여 만세운동을 적극 전개하였다.

떨어진 별, 우이동에 잠들다 22

서대문형무소에 수감되다

경찰에 붙잡힌 손병희는 경무총감부의 신문을 받고 검찰로 송치되어 며칠을 보낸 후 서대문형무소로 이송되었다. 일제는 민족대표들을 중범죄인 국사범國事犯으로 다루었기 때문에 손병희는 독방에 수감되었다. 일제 검찰은 3월 7일 민족대표를 내란죄 혐의로 기소하였고, 손병희는 경성지방법원에서 예심을 받았다. 손병희는 예심에서 한결같이 조선 독립의 당위성을 주장하였으며 일본제국주의의 잘못을 비판하였다. 손병희는 여기서 그치지 않고 앞으로 기회만 있으면 독립운동을 하겠다고 자신의 의지를 밝혔다. 경성지방법원은 8월 1일 예심을 종결하고 손병희 등 민족대표에게 내란죄를 적용하여 경성고등법원에 회부하였다. 그리고 1920년 10월 손병희는 최린·권동진·오세창·이종일·이승훈·함태영·한용운 등과 함께 징역 3년의 언도를 받고 서대문형무소에 수감되었다.

손병희가 옥고를 치른 서대문형무소(1920년대)

　서대문형무소에서의 생활은 그야말로 참혹하였다. 한 평 남짓한 비좁은 독방에 갇혀 지내는 민족대표들은 가족과의 면담도 일절 금지되었다. 더욱이 형편없는 급식과 운동부족으로 정신적·육체적 고통이 가중되어 병을 얻기도 하였다. 양한묵은 서대문형무소에 수감된 지 3개월 만에 순국하였다. 다만 민족대표들은 종교인으로 수양되어 있어 겨우 버텨낼 수 있었다.
　손병희는 52호 독방에 수감되었다. 그는 매일 오전 6시 기상하여 오후 9시에 취침하였다. 하루 중 10분간의 실외운동을 제외하곤 독방신세였는데, 그 10분도 운동이 아닌 일광욕에 불과하였다. 겨울에는 추위 때문에 이마저도 제대로 이루어지지 않았다. 급식은 콩과 보리가 대부분인 5등식이었으며, 부식은 소금기만 조금 있는 멀건 국물뿐이었다.

손병희(중앙) 가족사진

    손병희는 노령이었고 위장병을 앓고 있었다. 평소에도 위장이 약하여 식사 후에는 위장약을 먹곤 하였다. 형무소 안의 생활은 손병희에게 고통의 나날이었다. 이러한 손병희를 뒷바라지한 것은 그의 부인 주옥경朱鈺卿이었다. 주옥경은 손병희와 33세나 나이 차이가 났지만 그를 그림자처럼 따랐다. 당시 민족대표들에게는 사식이 금지되었는데, 주옥경은 손병희가 걱정되어 정무총감에게 사식 넣는 것을 간청하였다. 처음에는 거절하였지만 여러 번 간청하여 사식을 허락해 주었다. 고생 끝에 사식이 차입된 것을 안 손병희는 자기 혼자만 사식을 받을 수는 없다고 거절하였다. 전원에게 허락되자 그제야 사식을 받았다.

    손병희가 영어의 몸이 된 지 1년 8개월이 된 1920년 11월 28일 손병희는 한 마디 말도 못하는 중태에 빠지게 되었다. 뇌출혈로 졸도한 것이다. 이틀이 지난 11월 30일 간수로부터 연락은 받은 주옥경은 교단과 상의하여 병보석을 신청하였지만, 그것도 수일이 지나 면회만 허락되었다. 손병희의 사위인 정광조와 주치의 박종환, 원덕상 등 3명이 면회를 하였지만 손병희는 의식불명의 상태였다. 가족들은 병보석을 수차례 요청하였지만 법원은 끝내 병보석을 허락하지 않고 병감에서 치료를 받도록 하였다. 그리고는 점차 호전되었다는 내용의 담화를 발표하였다. 손병희의 상태는 오른쪽 반신불수로 완쾌되지 못한 채 지낼 수밖에 없었다.

민족의 별 떨어지다

1921년 3월, 손병희의 병세는 약간 호전되었다. 사람이 부축하면 걸을 수 있을 정도였다. 5월에는 간수와 간호사의 부축을 받고 담장을 짚으면서 면회장을 찾을 수 있었고, 간단한 면회를 하였다. 그렇지만 여전히 자유로운 활동은 불가능하였다. 6월 13일 손병희는 다시 의식불명 상태에 빠졌다. 연락을 받은 가족과 교인들은 손병희가 병보석으로 나오기만을 기다리고 있었다. 14일에도 병보석 허가신청을 하였지만 15일이 되어서도 아무런 연락이 없었다. 병보석은 허가신청을 한 지 10여 일이 지난 6월 22일 기각되고 말았다. 손병희의 병은 중태이지만 생명에는 지장이 없다는 일본인 의사의 진단 결과에 따른 것이었다. 이후에도 두어 차례 병보석을 신청하였지만 법원은 끝내 기각하고 말았다.

손병희의 상태는 시간이 흐를수록 악화되었다. 10월 14일부터는 말도 전혀 하지 못할 정도로 중태에 빠졌다. 지금까지 병보석을 허락하지 않았던 법원은 손병희의 병세가 돌이킬 수 없는 상황에 이르자 병보석을 허가하였다. 불과 공판을 1주일 정도 앞둔 10월 22일이었다. 서대문형무소에 수감된 지 19개월 20일 만이었다. 드디어 이날 오후 손병희는 만신창이가 된 채 서대문형무소를 벗어날 수 있었다. 가족과 수많은 교인들이 출감하는 손병희를 환영하였지만 그는 그들을 전혀 알아볼 수 없었다. 동대문 밖 숭인동 상춘원으로 돌아오는 동안, 수많은 환영객에게 손 한 번 흔들어 보지 못한 채 자동차에 실려 왔다.

집에 돌아온 손병희는 가족들과 교인들의 지극한 간호와 헌신으로 병세도 약간은 차도가 있었다. 처음에는 전신을 쓸 수 없을 정도로 악화되었던 몸도 한 쪽은 어느 정도 회복되었고 말도 약간은 알아들을 수 있었다. 다음 해에는 일어나 앉을 수도 있었고 의식도 예전처럼 명료해졌다. 몇 개월이 지난 다음에는 간단한 운동도 할 수 있었다.

몸이 조금 호전된 가운데 손병희는 1921년 4월 8일 환갑을 맞았다. 경운동 신축 중앙대교당에서는 경향 각지에서 4천여 명의 교인이 모여 환갑축하식을 거행하고 상춘원에도 많은 교인들이 모여 이날을 경축하였다. 이후에는 교회 운영에 대한 간단한 보고도 받고 또 어느 정도 지시도 내릴 수 있었다. 이 무렵 사회 인사 한 사람이 문병 차 그를 찾아왔다. 병석의 손병희를 만나 근황에 대해 물어보았다. 그러자 손병희는 병석에서 벌떡 일어나 앉으며, 여느 때보다도 큰 소리로 말했다.

"나는 아무 병도 없소. 있다면 그건 독립병이오. 오늘이라도 독립이

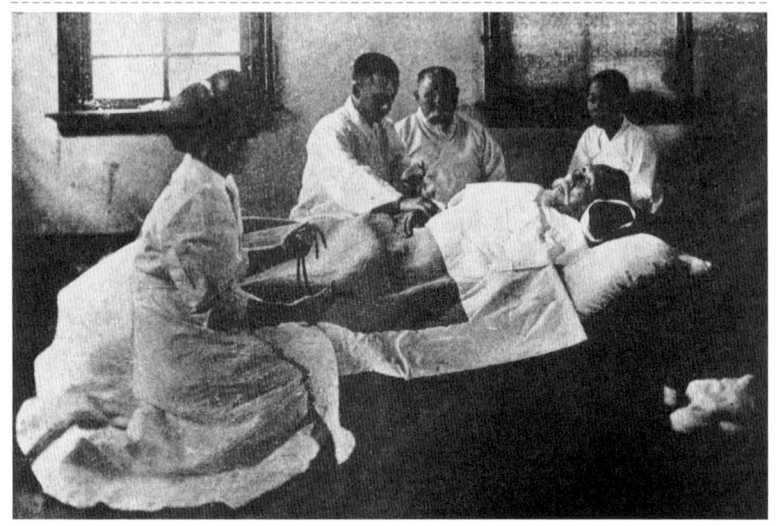

병환 중인 손병희

되면 내 병은 곧 나을 것이오."

  손병희는 생사의 갈림길에서 극한의 투병 생활을 하면서도 조국의 독립에 대한 열망을 버리지 않았다. 그만큼 독립은 손병희의 생애에 가장 큰 과제였다. 죽음을 눈앞에 두고서도 자신의 병이 '독립병'이라고 말한 것은 손병희의 간절한 소망이었던 것이다.

  그러나 손병희의 병세는 다시 악화하였다. 1921년 5월에 들어서는 호흡이나 맥박까지도 불규칙하여 앞일을 예측할 수 없었다. 그는 말 한마디 한 마디를 힘들게 하고는 다시 깊은 수면상태로 들어갔다. 얼마만큼의 혼수상태가 계속되었을까. 5월 19일 다시 눈을 뜬 손병희는 갈증을 느꼈는지 물을 찾아 마시고는 대도주 춘암 박인호와 간병자들을 둘러보며 말을 이었다.

"나를 좀 일으켜 주게. 내 보여줄 것이 있네. …… 춘암, 내 어깨를 좀 보시오. 손으로 좀 만져보시오. 어떻소? 보통 사람의 어깨와……."

"좀 두드러진 것 같습니다."

"그럴 것이오. 춘암도 잘 알지만은 내가 20년 가까이 해월신사를 모시면서 가마 앞채를 혼자 메었소. 나도 사람인지라 힘인들 왜 들지 않았겠소. 꾹 참고 말 한 번 한 적이 없소. 아직 굳은살이 풀리지 않았을 것이오."

손병희의 얼굴에는 추연한 빛이 감돌았고 그의 눈은 허공을 응시한 채 스승과 함께 보낸 옛일을 회상하는 듯하였다.

"여러분들 수고했소이다. 나는 이제 갈 시간이 얼마 남지 않은 듯하오. 우리 교회에서는 오심즉여심吾心卽汝心이라……. 뒷일은 청년들에게 부탁하오."

우이동에 잠들다

그것이 손병희의 마지막 말이었다. 그것은 자신 생애의 자랑을 말하는 것이 아니었다. 손병희는 마지막까지도 몸으로써 무엇인가를 보여주려고 했으며, 그것은 천 마디 말보다 힘 있는 설득이었다. 날이 밝자 손병희의 죽음을 알리는 신문 호외가 뿌려지고, 신문마다 대서특필하였다. 특히 『동아일보』는 다음 날 5월 20일 「손병희 선생을 조함」이라는 장문의 사설에는 다음과 같은 글이 게재하였다.

손병희 장례식

종교적 성격은 그 기상이 마호멧과 비슷하고, 정치적 시작은 진승陳勝·유방劉邦과 방불하나 그렇다고 말할 수도 없고, 교육면에서는 그 공헌이 크나 교육가라고만 안정할 수도 없다. 요컨대 선생은 강한 자를 누르고 약한 자를 돕는 성질을 가진 윗사람 중의 큰 인물이며, 굉장한 정열을 가진 비범한 인물이다.

손병희가 죽음을 맞자 천도교는 즉시 장례준비위원회를 구성하고 상춘원에 제단을 마련하였다. 박인호를 주상主喪으로, 권동진을 위원장으로 정하고 영결식은 교회장으로 거행하기로 하였다. 상춘원은 각계각층의 조문객으로 종일토록 붐볐다. 손병희가 애착을 뒀던 보성학교와 동

손병희 장례행렬이 창경궁 앞을 지나가는 모습

덕여학교는 이날 하루를 휴교하고 조의를 표하였다.

손병희 사후 장지를 정하는 문제로 어려움에 봉착하기도 하였다. 처음에는 청량리 장희빈의 친정 소유의 땅을 교섭하였지만 일제가 방해하여 뜻을 이룰 수 없었다. 서대문과 자하문 밖 등 몇몇 곳을 물색하였지만 계속되는 일제의 압력으로 장지를 마련하지 못하다가 결국 교회 소유지인 우이동 봉황각 구내로 정하였다. 장지가 정해지자 장례준비위원회는 6월 5일을 장례일로 정하고 신축된 천도교 중앙대교당에서 영결식을 갖기로 하였다.

6월 5일 아침 6시, 손병희의 영구는 상춘원을 떠나 영결식장인 중앙대교당으로 향하였다. 3만여 명이 운집한 가운데 오전 7시 50분 영결식을 마친 손병희의 영구는 장지인 우이동으로 향하였다. 장례행렬은 장례위원을 선두로 천도교종학원, 보성초등학교, 보성고등전문학교, 동덕여학교 학생과 교직원이 뒤를 이었다. 그 뒤에는 '천도교 삼세 교조 의암 손병희 영구'라는 명정과 70여 대의 꽃차와 화환, 270여 개의 만장이 뒤따랐다. 장례행렬은 삼선교에서 조객들과 고별식을 갖고 오후 4시 우이동 봉황각 장지에 도착하여 5시에 하관식을 거행하였다. 하관식이 끝나자 맑던 하늘이 흐려지더니 끝내 비를 내렸다. 마치 손병희의 마지막 길을 애도하는 듯하였다.

　손병희는 독립운동을 위해 자신이 마련하고, 이신환성을 강조하였던 우이동 봉황각 언덕에 영원히 잠들게 되었다. 우연의 일치라고 보기에는 무리일까.

손병희의 삶과 자취

1861. 4. 8	충북 청원군 북이면 금암리에서 의조 손두흥의 아들로 태어남
1875. 12. 24	15세에 현풍 곽씨와 결혼
1882	손천민·서우순 등에 의해 동학에 입도
1884	제2세 교조 해월 최시형과 만남. 최시형을 따라 익산군의 사자암에서 49일 기도 거행
1885	최시형의 명으로 공주 가섭사에서 49일 기도 거행
1890	30세에 진주 방동에서 37일 기도 3차 기행
1892	상경하여 광화문 앞에서 복합상소
1893	보은군 장내에서 집합하여 척왜양창의 시위
1894	동학혁명이 발발하자 호남·호서 동학군 협조문제 검토 석상에서 호서동학군의 협조 주장. 동학군 통령으로 임명돼 통령기 받고 동학혁명에 가담
1895	35세에 동학혁명 실패로 남원 근처에서 전봉준과 분리 뒤 다시 동학군 해산. 최시형 모시고 피신. 원산·강계 등지로 행상을 겸해 평안·함경도 지방에 피신하여 포덕활동
1897	최시형이 손병희·손천민·김연국 등 3인 중에서 손병희에게 도통 전수
1898	최시형이 교수형으로 순도
1899	『각세진경』지음
1901	세계 대세를 살피기 위해 미국으로 가려고 하였으나 몇 가지

		문제로 일본에 체류
1902		한국인 24명 일본유학 주선. 이상헌이라고 개명. 정치적 망명객인 이진호·권동진·오세창·박영효 등과 교류. 「삼전론」 지음
1904		한국인 40명 일본유학 주선. 법무대신에게 시국에 관한 글을 보냄. 국정개혁을 위한 진보회 조직을 이용구에게 지시 교도들에게 단발령을 내리고 삼전론에 입각한 신생활운동 전개(갑진개화혁신운동)
1905		동학을 천도교로 대고천하
1906.	1. 5	교당 신축사무소 설치 광고(남서회현방 신경동 신작로변)
	1. 30	독립관에서 강연
	2. 14	『황성신문』에서 손병희의 교육열에 감사를 표명하는 논설 게재
	2. 16	천도교대헌 제정 반포. 5관 제정. 각 부서 설치. 중앙에 중앙총부, 지방에 교구를 설치하도록 결정
	3. 12	보성고교에 찬조금 80원 기부
	3. 15	서울 시내 23개 학교에 찬조금 20~80원 기부
	3. 16	지방에 대교구를 설치함으로써 총 72교구가 됨
	3. 19	사립 흥화학교와 광명학교에 각각 30원씩 보조. 3월부터 각 지방교구 설치문제로 해당 관청에 공한 발송
	4. 10	사립 석촌동 소학교에 15원 보조. 천일기념일에 지방교도 1,000여 명이 중앙총부에 참집하여 예식. 심양장군에게 글을 보내 교인 보호를 치사
	5. 25	중앙총부 양한묵·권병덕·한기준 등을 감옥소에서 순방하고 설교토록 지시. 천도교 부인전도회 조직과 보문관 설립

		오세창 등 간부들로 하여금 수운대신사 옛터를 배심하게 함
	6. 10	이종훈·임명수를 감옥소에 파견하여 설교
	6. 17	사장 오세창, 편집 및 발행인 신광희, 주필 이인직으로 하는 기관지인『만세보』발간
	9. 17	이용구 등 62인에 대한 출교처분 공포
	9. 20	일진회에 가담한 천도교인에 대한 동회 탈퇴 결의(교회분석)
	9. 21	한경호·박계일·김지련 3명부터 심문한 후 출교처분 단행
	10. 21	교회당 기지를 남대문 밖 영수산 관묘 북쪽 언덕에 정초하고 개기치성식 거행. 각도 교인에게 이용구 등의 출교처분을 발표하고 설명
	11. 7	이용구 측 천도교 공시문을『황성신문』에 발표
	11. 12	천도교중앙총부에서 이용구측의 천도교 명의 남용을 반박
	12. 27	박인호 내무부에 지방교당 건축용 기부금 수금금지조치를 항의하고 해제 청원
1907.	4	성미법의 시행에 관해 논의
	6. 30	이인직이『만세보』를 인수하여『대한신문』으로 변경(친일단체 대변지 변질)
	8. 26	김연국에게 대도주직 이양
	9. 6	천도교중앙총부를 중서 정선방 금유동 2통 6호로 이전
	11. 30	주요교역자 42인에게 도호를 줌
1908.	1. 17	김연국 대도주직 사임, 변절하고 시천교에 입교
	1. 19	후임으로 박인호를 대도주에 내정
	2	권동진을 대동하고 관서지방순회 설교
	3. 4	철산에 이르러 무뢰한에게 봉변을 당함
	3. 14	시천교 교도 수명이 김연국을 반대하고 탈퇴

	3. 17	철산사건이 신문에 크게 보도
	4. 4	일부 천도교도들 이탈자 생김
	4. 5	『대한매일신보』는 「하기혹세무민지역야何基惑世誣民之易也」라는 논설로 천도교와 손병희를 비난. 천도교 의사기관 설치론 대두
	4. 28	중앙총부를 남부 대평방 홍은동 5통에 이전한다고 광고. 전라도 지방을 순회하며 설교
	6. 1	천도교 일진회 측과 재정문제로 평리원에 제소
	6. 11	보문관 출자금 청산조로 소송제기. 천도교 교리강습소 설치
	7. 8	교당 건축공사 개시하기로 결정
	8. 4	수개월간 보문사 출자금 처산문제로 분규
	11. 23	천도교 교회의 면목을 쇄신하고자 각 조문 발표
1909.	1. 25	신도사·법도사를 정함
	3. 17	보문사 소송문제 패소 판결
	3. 20	손병희는 공소원에 항소
	5. 4	재동 홍순찬의 집을 매입하여 개축
	7. 4	신교당 낙성. 손병희의 사저를 겸용
	12	통도사 내원암에서 40일 기도회 개최
1910.	1. 3	성도사·교도사 등 각 기관장 경질
	3	천도교 사범강습소 설치
	4	음력으로 시행하던 각 기념일을 양력으로 변경 통일
	4. 20	교인의 복제 제정. 부모상을 당했을 때는 50일간 흑색 착용 손병희는 수련법문을 내림
	5. 20	보문사사건 공소법원에서도 패소
	5. 26	천도교 기관신문의 발간준비 추진

	6. 18	영적도를 휴대하고 청국으로 가서 포교준비를 하다가 수사기관의 내사를 받음
	8. 15	『천도교회월보』 창간호 발간
	9. 3	천도교회월보사 이교홍이 강점반대 서한을 각국 영사에 보내고 협조를 요구하다가 경찰에 피체
	9. 16	천도교회월보사 임원 김완규 등 경부총감부에 피체됐다가 석방
	9. 20	천도교에서 보성학원의 인수교섭 진행
	12. 3	천도교중앙총부를 중앙 사동에서 북부 대안동으로 이전
	12. 31	보성학원의 부채를 갚기 위해 8,000원 지불
1911.	1	천도교 신대헌 제정 선포
	1. 20	보성교 학생들 학교경영 인계 반대. 동맹휴교
	3	보성전문학교 상과 교수를 임용. 보성중학교 제6회 학생 모집
	4. 1	경성 제2헌병대에서 문초를 받음
	4. 23	일제의 강압으로 성미법 폐지 결정
	4. 28	보성학교에 천도교 교리과목의 수업으로 분규 야기
1912.	4. 8	교리강습소 설치. 49일 연성기도회 개최
	12. 26	인일기념식을 성대히 거행. 우이동 봉황각 대지 매입
1913.	4	해외교포활동의 일환으로 중국 포교
	8. 9	천도교 일파 혁신회를 발기하고 손병희 성토문 발표
1914.	3	무기명 성미제 실시
	4. 2	공동 전수심법식 거행
	7	개정 대교구제를 반포(27대교구)
	10. 3	보성교 신축교사 낙성식 참석

	11	105일 기도회 개최. 신축문을 반포
		동덕여자의숙 인수
1915	봄	105일 기도회 종료
1916.	3. 31	본정경찰서 사법계에서 문초를 당함
	4. 1	특신교도에게 천훈장 수여
	4. 5	천일기념 원유회 5,000명이 집결하여 성대히 거행
	6	교도에게 대설교
	12	천도교중앙총부 조직 개편
1917.	2	교도에게 수심정기를 힘쓰도록 부탁. 각 지방에서 설교를 행함(신앙통일 규모 일치운동 전개)
	4. 8	생일 연회에 셋째 딸인 용화와 방정환이 결혼식을 거행. 교역자 25인에게 도호 부여
	10	천도교 임원 개편
1918.	2	교리연구부 설치
	10. 14	보성교와 보성사 사무인계 완료
	12. 2	미주교포들 대표를 파리 강화회의에 파견하기로 결정
	12. 24	인일기념일 거행 위해 수천 명의 교도 상경. 49일 기도식 거행 결정. 대표 기도지역 선정
1919.	1. 6	서울의 학생대표들 대관원에 회동. 시국문제를 논의
	1. 21	고종 승하
	1. 23	박희도 학생대표들과 대관원에서 회동. 독립운동 전개 논의
	1 하순	박영효를 방문하여 시국논의.「독립선언서」 및 청원서를 최남선이 작성하도록 결정
	2. 24	천도교·기독교·불교 각 종교의 독립운동 전개에 관한 합류 최종 결정

2. 25		천도교측 대표자 선정
2. 27		보성사에서 「독립선언서」 3만 5천 매 인쇄. 각 교파대표들 최린 집에서 선언서에 서명날인. 안세환·임규 등은 「독립선언서」·통고문을 가지고 도쿄로 떠남
2. 28		민족대표자 23인 가회동 손병희의 집에서 최종 회합. 대도주 박인호에게 유시문 전달. 「독립선언서」는 각지에 배포할 책임자에게 송달. 『조선독립신문』 인쇄
3. 1		김지환이 「독립선언서」·청원서를 갖고 안동으로 떠남(상하이로 전달됨). 민족대표 태화관에 모여 조선독립을 선언. 태화관에서 「독립선언서」를 낭독한 후 일본 경찰에 체포
3. 5		서대문형무소에 피감
3. 7		3·1운동 관련 검찰신문기록 작성
4. 5		천일기념일 간소하게 거행. 손병희 이하 32명 예심 회부
4. 10		3·1운동 관련 지방법원 예심조서 작성
4. 15		정치에 관한 범죄처벌의 건 공포
5. 4		천도교 간부 전부 검거
5. 23		명월관 소실
6. 30		보성사 소실
8. 1		민족대표들 예심 종결. 내란죄로 고등법원에 회부
9. 2		천도교청년교리 강연부 조직
10		경운동 중앙대교당 공사 착수
11. 28		옥중에서 중풍 발병
12. 20		고등법원 특별형사부 예심 종결
12. 24		인일기념식 당국에서 엄중 감시
1920. 1		청년교리 연구회 60일간 개최

	2	고등검찰에서 의견서 제출
	3. 23	고등법원에서 보안법과 출판법 위법이라 하여 지방법원에 환송
	3. 29	세브란스병원장 에비슨과 의사 스코필드는 손병희 등 수감자를 위문방문
	6. 11	뇌출혈이 재발하여 입원
	7. 10	두 변호사를 추가 선임
	7. 12	지방법원에서 공판 개정. 와병으로 불출두
	7. 17	공소불수리문제로 공판중지 결정
	8. 3	공판 연기
	8. 9	공수불수리한다고 판결
	8. 12	지방검사장 지법판결 불복하여 공소
	9. 20	공소공판개정. 공소불수리 신청은 본건 본안 판결시까지 유보하여 사실심리 개시
	10. 30	3·1운동 공소심 판결선고. 형집행정지 결정으로 병보석 출감. 상춘원에서 치료
1921		중앙대교당 낙성
	7. 2	보성고보 창립 15주년 축하식 거행
	8. 14	지일기념일 13위원 개혁논의
	9. 27	원산서 태평양회의 개최에 원산천도교구장 등을 소환 경고
	9. 2	맹산교구장이 태평양회의 건으로 피검 송치
	11. 10	천도교청년회 도쿄지회장 방정환(손병희 셋째사위) 피검
	11. 28	재단법인 보성전문학교 설립 신청
	12. 10	천도교 의정회 설립. 신헌장 통과. 각 기관장 선정
	12. 28	재단법인 보성전문학교 설립 인가

1922.	1. 17	천도교 중의제 개편 추진. 5관제 폐지와 3원제 실시 결정.
	3. 29	주요교역자 254명에 도호 부여
	4. 6	오지영 등 분파교주 불신임. 종의원 후원회 조직
	4. 10	종의원 임시총회 개최
	5. 10	병세 악화
	5. 19	새벽 3시 서거. 오후 1시 입관식 거행

참고문헌

자료

- 『경성신문』, 『대한매일신보』, 『독립신문』, 『독립신문(상하이판)』, 『동아일보』, 『만세보』, 『매일신보』, 『조선독립신문』, 『조선일보』, 『황성신문』.
- 『개벽』, 『기호흥학회월보』, 『대조』, 『대한자강회월보』, 『동광』, 『반도시론』, 『별건곤』, 『삼천리』, 『서우』, 『신여자』, 『신인간』, 『신천지』, 『야뢰』, 『원한국일진회역사』, 『조선급만주』, 『천도교회월보』.
- 『조선총독부통계년보』, 『조선총독부시정년보』.
- 국사편찬위원회, 『요시찰한국이동정』 1~3.
- 국사편찬위원회, 『통감부문서』.
- 국사편찬위원회, 『주한일본공사관기록』.
- 국사편찬위원회, 『한민족독립운동사자료집』, 2001~2006.
- 이종일, 『묵암비망록』.
- 龍潭淵源 편, 『東學·天道敎略史』, 보성사, 1990.
- 조선총독부 고등법원 검사국, 『사상휘보』·『사상월보』.
- 「이종훈선생수기」, 「균암장 임동호씨 약력」.

단행본

- 강재언, 『한국근대사연구』, 한밭출판사, 1982.
- 고려대학교 민족문화연구소, 『고려대학의 사람들 [2] 손병희』, 1986.
- 김구, 『백범일지』, 1946.
- 김기승·오문환 외, 『국가건설사상』 II, 인간사랑, 2006.
- 김삼웅, 『33인의 약속 – 처음 밝히는 33인의 재판기록과 그 후 이야기』, 산

하, 1997.
- 김삼웅, 『사료로 보는 20세기 한국사-활빈당 선언에서 전·노 항소심 판결까지』, 가람기획, 1997.
- 김정의, 『한국소년운동론』, 한국문명학회총서 10, 혜안, 2006.
- 김정인, 『천도교 근대 민족운동 연구』, 한울, 2009.
- 김종순, 『일진회의 문명개화론과 친일활동』, 신구문화사, 2010.
- 노용필, 『대한제국기 서울사람들-우리 역사속의 사람들』 3, 어진이, 2004.
- 노태구 편, 『동학혁명의 연구』, 백산서당, 1982.
- 동아일보사, 『3·1운동 50주년기념논문집』, 1969.
- 류광렬, 『인물한국사-독립운동의 거화 의암』 5, 인물한국사편찬회, 1965.
- 민음식, 『청년아 너희가 시대를 아느냐-소파 방정환 평전』, 중앙M&B, 2003.
- 박일, 『이야기동학』, 녹두, 1994.
- 서대문형무소역사관 편, 『3·1운동기 민중항쟁과 서대문형무소』, 서대문구도시관리공단, 2009.
- 성주현, 『동학과 동학혁명의 재인식』, 국학자료원, 2010.
- 오문환 외, 「의암손병희와 3·1운동 : 통섭의 철학과 운동」, 모시는사람들, 2008.
- 오지영, 『동학사』, 민중서관, 1937.
- 우윤, 『전봉준과 갑오농민전쟁』, 창작과 비평사, 1993.
- 윤명숙, 『대한영웅전(I)』, 국가보훈처, 1995.
- 의암손병희선생기념사업회, 『의암손병희선생전기』, 1967.
- 이광순, 『의암 손병희』, 태극출판사, 1970.
- 이동초, 『천도교 민족운동의 새로운 이해』, 모시는사람들, 2010.
- 이돈화, 『천도교창건사』, 천도교중앙종리원, 1934.
- 이이화, 『진리는 다르지 않다』, 김영사, 2008.
- 이현희, 『동학혁명과 민중』 상, 한국학술정보, 2004.

- 이현희, 『동학혁명사론』, 대광서림, 1994.
- 이현희, 『역사의 힘』, 솔과학, 2007.
- 이현희, 『의암; 민족 없이는 구도도 없다』, 동아일보사, 1995.
- 전북사학회 편, 『동학농민혁명의 기억과 역사적 의의』, 흐름, 2011.
- 조규태, 『천도교의 민족운동 연구』, 선인, 2006.
- 조기주, 『도학의 원류』, 보성사, 1979.
- 최수일 외, 『『개벽』에 비친 식민지 조선의 얼굴』, 모시는사람들, 2007.
- 충청북도·충북학연구소, 『충북의 역사문화인물』, 2009.
- 황선희, 『동학의 사상변천과 민족운동 연구』, 단국대박사학위논문 1990.
- 황선희, 『한국 근대사상과 민족운동』 I, 혜안, 1996.
- 황선희, 『동학·천도교 역사의 재조명』, 모시는사람들, 2009.

논문
- 권두연, 「보성관의 출판 활동 연구 – 발행 서적과 번역원을 중심으로」, 『한국현대문학의 연구』 44, 한국문학연구학회, 2011.
- 김경택, 「한말 동학교문의 정치개혁사상 연구」, 연세대석사학위논문, 1990.
- 김정인, 「의암의 문명개화노선과 3·1운동」, 『한국독립운동사연구』 19, 한국독립운동사연구소, 2002.
- 김종준, 「진보회·일진지회의 활동과 향촌사회의 동향」, 『한국사론』 48, 서울대 국사학과, 2002.
- 김창수, 「3·1운동과 옥파 이종일 –『옥파비망록』을 중심으로」, 『중앙사론』 21, 한국중앙사학회, 2005.
- 박명규, 「동학사상의 종교적 전승과 사회운동」, 『한국사회사연구회논문집』, 문학과 지성사, 1987.
- 박걸순, 「옥파 이종일의 사상과 민족운동」, 『한국독립운동사연구』 9, 한국독립운동사연구소, 1995.
- 박성수, 「3·1운동과 의암 손병희」, 『중앙사론』 21, 한국중앙사학회, 2005.

- 성주현, 「자료해제, 『북접대도주』 의암 손병희의 근대국가정치론」, 『한국독립운동사연구』 38, 한국독립운동사연구소, 2011.
- 성주현, 「1904년 진보회의 조직과 정부 및 일본의 대응」, 『경기사학』 8, 경기사학회, 2004.
- 오문환, 「의암 손병희의 '교정쌍전'의 국가건설 사상」, 『정치사상연구』 10-2, 한국정치사상학회, 2004.
- 이용창, 「동학농민운동 이후 의암의 단일지도체제 확립과정과 동향」, 『한국민족운동사연구』 46, 한국민족운동사학회, 2006.
- 이용창, 「동학교단의 민회설립운동과 진보회」, 『중앙사론』 21, 한국중앙사학회, 2005.
- 이용창, 「한말 최린의 일본 유학과 현실인식」, 『역사와 현실』 41, 한국역사연구회, 2001.
- 이용창, 「동학교단과 (합동)일진회의 일본 유학생 파견과 '단지동맹'」, 『동학학보』 22, 동학학회, 2011.
- 이용조, 「의암 생가복원에 대한 고찰」, 『인문학지』 4, 충북대 인문학연구소, 1989.
- 이종우, 「동학 윤리관의 확장과 변화」, 『한국철학논집』 30, 한국철학사연구회, 2010.
- 이호재, 「춘원 이광수의 대외인식과 주장분석」, 『사회과학논집』 14, 고려대학교 경상대, 1988.
- 이현종, 「갑진개화혁신운동의 전말」, 『한국사상』 12, 한국사상연구회, 1974.
- 이현희, 「갑진개화혁신운동의 민중사적 위치; 동학사상의 민족사적 의미」, 『천관우선생환력기념논총』, 정음문화사, 1985.
- 임태홍, 「의암의 신관」, 『동학연구』 14·15, 한국동학학회, 2003.
- 장석흥, 「권동진의 생애와 민족운동」, 『한국학논총』 30, 국민대 한국학연구소, 2008.
- 정광현, 「3·1운동관계 피검자에 대한 적용법령」, 『3·1운동 50주년기념논문

집』, 동아일보사, 1969.
- 정진오, 「의암의 정치사상에 대한 연구」, 『논문집』 22, 제주대, 1986.
- 조규태, 「일제의 한국강점과 동학계열의 변화」, 『한국사연구』 114, 한국사연구회, 2001.
- 최기영, 「한말 동학의 천도교로의 개편에 관한 검토」, 『한국학보』 76, 일지사, 1994.
- 최효식, 「의암과 3·1독립운동」, 『동학연구』 14·15, 한국동학학회, 2003.
- 형문태, 「1904·5년대 동학운동에 대한 일고구 – 일진회·진보회를 중심하여」, 『사학논지』 4·5, 한양대 사학과, 1977.
- 황선희, 「1900년대 천도교의 개화운동」, 『중재장충식박사화갑논문집』, 논총간행위원회, 1992.
- 方浩范, 「韓國"東學"思想的實學性 – 兼論義庵孫秉熙實學思想」, 『동학학보』 22, 동학학회, 2011.
- 西尾陽太郎, 「日韓合邦運動と孫秉熙」, 『九州史學』 48, 구주사학연구회, 1972.

찾아보기

ㄱ

가섭사　53
가정리　37
각세진경　109
갑신정변　139, 154
갑오개혁　139
갑진개화운동　133, 210
강기덕　230
강원도　60
강원보　58
강익주　143
강화도조약　113, 127
개혁사상　66
개화정책　122
개화파　115
검곡　50
검악포덕　51
격문　74, 79, 85
경기도　59
경응의숙　122
고려대학교　203
고베　140
고부기포　72, 75, 77, 79
고종　69, 117, 221
고치강　150

공동체　44
공주　93
곽기룡　143, 207
관덕정　43
광무학교　174
광제창생　47, 188
광화문　69
광화문교조신원운동　81
교리강습소　211
교빙　170, 181
교정분리　165
교조신원운동　67, 76
교토　129
교회분석　165
교훈가　66
구미산　38
구텐베르크　192
국권회복　214
국사범　120
국사범　233
궁궁촌　37
권도문　170, 189
권동진　120, 124, 134, 140, 170, 180, 220, 228, 233, 240
권병덕　143, 180
권성좌　106

257

권용철 57
권종덕 144
균역법 34
근대문명국가 157
금암리 15
기독교 220, 222, 226
김개남 74, 80, 84
김건식 209
김구 62
김낙봉 106
김낙철 74, 80, 106, 111, 143, 205
김덕명 74, 80, 84
김도삼 76, 78
김명배 206
김명준 143
김상일 48
김안실 143
김연국 62, 67, 104, 106, 110, 180, 181
김영학 143
김옥균 154
김완규 209
김유영 143
김은경 50
김응칠 76, 78
김이서 58
김주서 59
김학수 143
김현구 170, 181

ㄴ

나가사키 116
나라 122

나용환 107, 143, 206
나인협 107, 133, 143, 206
노석기 143
논산 92

ㄷ

다무라 125
단성사 108
단일지도체제 106
대고천하 167
대교구 205
대동법 34
대동회 143
대종정의 187
대주리 15, 30
도소 60, 77
도쿄 129
『독립선언서』 224
『동경대전』 50
동덕여학교 200
동도서기 123
동학 26, 32, 37, 44, 45, 49, 65, 148, 170
동학농민군 81
동학당 158
동학도종역사 166
동학혁명 72, 74, 79, 89, 103, 105, 114, 139, 220

ㄹ

량치차오 118

러시아　127, 133
러일전쟁　128, 143, 160
르네상스　113

ㅁ

마복동　50
만민평등　65
『만세보』　197
망명생활　134, 154, 193
매곡동　50
명월관　230
무단통치　208
문학수　133, 143
미국　114, 115
민사엽　58
민영철　172
민영환　154
민회　138, 143, 165

ㅂ

박광호　69
박남수　146
박문사　194
박영구　143
박영효　120, 124, 140
박용구　133
박인호　62, 109, 111, 143, 180, 238, 240
박하선　58
박희도　228
박희인　111
방동　56

방찬두　143, 207
백사길　58
백산　79, 84, 103
법대도주　112
변숙천　30
변혁사상　60
보국안민　40, 43, 47, 75, 188
보문관　195
보성사　219, 224
보성학교　200
보안회　157
봉건체제　32, 68
봉황각　211, 213, 232, 241
북진수송대　161
불교　65, 220, 226
「비정혁신안」　136, 138
비폭력투쟁　68
빈부귀천　47

ㅅ

사대교린　113
4대 명의　86
산업혁명　114
삼국간섭　128
삼례교조신원운동　69, 81
3·1운동　218, 220
삼전론　138
삼정체제　35
상춘원　220, 237, 242
상하이　117
서군효　59
서대문형무소　61, 237

서병학   61, 67
서세동점   36
서인주   61, 67
서택순   44, 46, 48
서학   36, 43, 67
성리학   33, 57
성하영   93
성한서   59
세도정치   32, 35
손병흠   104, 106, 111, 116, 117, 121, 126
손시병   140
손은석   206
손천민   44, 48, 54, 61, 67, 104, 106, 111
손화중   74, 79, 84
송경인   108
송골   107
송대화   73, 76, 78
송두호   73, 76
송병준   153, 164, 165, 180
송월령   30
송인호   76
송주성   74, 76
송주옥   76
송희옥   84
쇄국정책   113, 122
수레너미   105
수수명실록   109
순조   35
시모노세키   116
시천주   42
시향   25

신기선   157
신분금   178, 185
신분제   31
신승희   224
신일균   57
12조의 기율   86
쑨원   117

ㅇ

아관파천   139
아편전쟁   36
압록강   63, 129
양극화현상   34
양한묵   170, 180, 181, 234
양호창의영수   92
염창석   112
염창순   106
영친왕   135
영해교조신원운동   60
오명철   58
오사카   116
오상준   123, 209
오세창   120, 124, 134, 140, 170, 180, 220, 230, 233
오시영   84
오심즉여심   42, 239
오영창   111, 206
오응선   143, 206
왕자오밍   118
외서촌   61
외서촌전투   104
용담가   66

용담서사　40
용담정　32, 40, 43
용문사　112
용암포　127
우금치　93, 95
운요호사건　127
원세기　153, 156
원용일　143, 205
원평전투　98
『원한국일진회역사』　152, 158
위안스카이　118
위정척사파　115
유곡동　39
유길준　122
유무상자　44, 143
유신회　152
유지훈　143
유학주　153, 156
육임제　131
윤시병　156, 158
윤익선　201
은적암　43
을묘천서　39
을미의병　167
을사늑약　139
음성군　27
의암성사　15
의화단사건　127
이겸수　133, 143
이겸제　180
이광수　199
이교홍　209
이규완　140

이내겸　58
이두연　143
이두행　107
이두황　100
이만식　133
이무중　58
이민순　58
이병춘　111, 206
이병호　181
이상재　136
이상헌　15, 119, 134, 140, 174
이성하　76
이승우　94
이승훈　222, 233
이신환성　215, 217, 218, 242
이앙법　34
이양선　33
이용구　92, 94, 111, 116, 129, 133, 143, 144, 159, 163, 165, 169, 180
이용익　201
이용태　79
이용훈　180
이이　55
이인숙　143
이인직　197
이종린　209
이종만　56
이종옥　143
이종일　194, 219, 220, 224, 233
이종호　201, 204
이종훈　63, 90, 92, 94, 104, 111, 143
이진호　98, 120
이토 히로부미　135

이필제　67
인내천　65, 187
일본　115, 129, 133, 176
일진회　133, 150, 152, 155, 163, 165, 169, 189
임권조　150
임동호　96
임례환　143
임순호　106, 180
임예환　206
임중호　143, 206
임학선　94, 104
입의문　68

ㅈ

장내리　70, 90
재가녀자손금고법　16
적멸굴　40
적서제도　65
전경수　92
전교규례　183
전규석　92
전봉준　72, 75, 78, 79, 84, 92, 93, 97
정경수　166, 206
정광조　123, 236
정백현　84
정읍대접주　81
정조　35
정종욱　143
정종혁　76, 78, 143
정한론　127
제국주의　115

제물포조약　116
조동원　180, 181
조병갑　72
조사시찰단　122
조선총독부　121, 208
조필영　72
조희문　120
조희연　120, 134
종령　177
종통설법식　110
좌도난정율　43, 108
주옥경　235
주유천하　39
주한일본주차군　148
중립회　144
중앙대교당　241
지상천국건설　47, 188
직파법　34
진보회　133, 143, 144, 159, 169
집단지도체제　106

ㅊ

척왜양창의　70
척왜양창의운동　76, 81
천덕산　110
천도교　123, 165, 167, 177, 210
천도교대헌　170, 178
천도교설　186
천도교중앙총부　121, 178
『천도교회월보』　208
천우협　88
천인합일　42

천주교 116, 169
철종 35
청원군 15
청일전쟁 88, 128
청주목 15
초정약수 30
최경선 74, 76, 84
최남선 222, 224
최동석 48
최류현 206
최린 220, 222, 230, 233
최시형 15, 43, 49, 51, 57, 60, 61, 64, 67, 69, 80, 81, 89, 104, 108, 189
최영구 94, 166
최제우 32, 37, 42, 51, 60, 65, 67, 70, 131, 189, 218
최종묵 48
최진립 37
최치원 37
최흥열 76
최희중 59
충의대접주 70

ㅌ

탐관오리 81
탑골공원 228
탕평책 35
태인전투 103
태화관 228, 232
통도사 40
통문 76, 79
퇴회신교 189

특별기도 218

ㅍ

평안도 63
포고문 81
포덕문 40
포덕천하 47, 188
포접제 131
포츠머스강화조약 161
풍헌 22

ㅎ

하세가와 134, 161
하치욱 59
한기준 181
『한성순보』 193
『한성주보』 193
한영석 57
한용구 143
한용운 231, 233
한일의정서 136
한화석 143
함경도 63
함태영 233
합동일진회 159
헌종 35
혁세사상 44
현상윤 222
홍경래 37
홍기억 143, 206
홍기조 111

263

홍기조　143, 206
홍병기　94, 104, 111, 143, 180, 197
홍운섭　93
황재민　59
황찬오　76
황채오　76
황현　36
황홍모　76, 78
황화대　97
흑의단발　148, 167, 169

천도교에서 민족지도자의 길을 간 손병희

1판 1쇄 인쇄 2012년 3월 20일
1판 1쇄 발행 2012년 3월 26일

글쓴이   성주현
기획   독립기념관 한국독립운동사연구소
펴낸이   김능진
펴낸곳   역사공간
         서울시 마포구 서교동 463-31 플러스빌딩 5층
         전화 : 02-725-8806~7, 팩스 : 02-725-8801
등록   2003년 7월 22일 제6-510호
ISBN 978-89-90848-42-0 03900

*잘못된 책은 바꿔 드립니다.
가격 10,000원